RENATE ZIMMER

Bewegung erleben in der Krippe

HERDER
FREIBURG · BASEL · WIEN

Hermann-Herder-Str. 4, 79104 Freiburg

www.herder.de

Bei Fragen zur Produktsicherheit:
produktsicherheit@herder.de

Umschlaggestaltung: Stefan Weigand
Illustrationen auf dem Cover: © iuliiawhite – Adobe Stock
Illustrationen im Innenteil: © GraphicsRF – Adobe Stock
Fotos im Innenteil: © Renate Zimmer

Satz und Gestaltung: Sabine Ufer
Herstellung: PNB Print Ltd, Jansili

Printed in Latvia

ISBN Print 978-3-451-39103-3
ISBN E-Book (PDF) 978-3-451-82459-3
ISBN E-Book (EPUB) 978-3-451-82464-7

Inhalt

Einleitung

Selbstständigkeit kommt von „Selber stehen können"

Kinder sind vom ersten Lebenstag an in Bewegung: Babys strampeln, recken und strecken sich auf dem Wickeltisch und freuen sich, wenn sie ihren Körper unbekleidet in Bewegung erleben dürfen. Das krabbelnde Kleinkind erforscht auf dem Boden jeden Krümel und erprobt jeden Gegenstand, der sich ihm in den Weg legt. Sich an Möbeln und Polstern hochzuziehen führt zu dem großartigen Erlebnis, alleine stehen zu können, die Hände nun nicht mehr zum Abstützen und Fortbewegen zu brauchen, sondern sie zum weiteren Erforschen der Umwelt einzusetzen.

So erweitert das Kind Schritt für Schritt den eigenen Handlungs- und Spielraum.

Körperliche Fähigkeiten und Leistungen, etwas können und etwas dürfen – dies sind Mittel und Symbole des „Größerwerdens". An den körperlichen Fähigkeiten kann das Kind seine Fortschritte ablesen: Beim Krabbeln den

Raum erkunden und überall hinkommen, wo es etwas Interessantes zu entdecken gibt, sich aufrichten und eine andere Dimension des Raumes erleben, die ersten Schritte – all das sind Zeichen wachsender Selbständigkeit. Selbstständig werden kommt von „Selber – stehen – können“. Über seinen Körper und seine Bewegung erfährt das Kind zunehmend Unabhängigkeit vom Erwachsenen.

Durch Bewegung gewinnen Kinder jedoch auch Erkenntnisse über die Beschaffenheit ihrer Umwelt, über die Dinge und Gegenstände und ihre spezifischen Eigenschaften – diese Erkenntnisse sind eng an die eigene Aktivität gebunden. Nur durch Bewegung können sie sich ein Bild davon machen, wann, warum und wie ein Ball springt, rollt oder fliegt und wie man dies durch die eigene Handlung beeinflussen kann.

In den ersten Lebensjahren ist das Denken noch an das unmittelbare Handeln gebunden. Das Lösen von Problemen erfolgt weitgehend durch den praktischen Umgang mit den Dingen und Gegenständen, durch Ausprobieren und Erkunden. Erst mit zunehmendem Alter verlagert es sich mehr und mehr auf die Vorstellungsebene. So machen Kinder beim Balancieren auf der Bordsteinkante oder auf der Mauer Erfahrungen über das Gleichgewicht. Was der Begriff „Gleich-Gewicht“ bedeutet können sie nur verstehen, wenn sie in verschiedenen Situationen mit dem eigenen Körper-Gleichgewicht experimentieren können: Je schmaler die Mauer ist, um so vorsichtiger ist das Gehen, die Arme werden zum Ausgleichen des Gewichts auf beiden Seiten ausgestreckt. So bilden Kinder mit Hilfe von körperlichen Erfahrungen und Sinneserfahrungen Begriffe; im Handeln lernen sie Ursachen und Wirkungszusammenhänge kennen und begreifen.

Die zunehmende Differenziertheit des Gehirns beruht auf den Wachstumsreizen, die von den Sinnesorganen ausgehen. In der frühen Kindheit werden durch Sinnestätigkeit und körperliche Aktivität Reize geschaffen, die die Verknüpfungen der Nervenzellen – die Bildung der sog. Synapsen – unterstützen. Die Verbindungen zwischen den Nervenzellen werden komplexer, je mehr Reize durch die Sinnesorgane zum Gehirn gelangen. Die Plastizität des Gehirns ist groß, es muss jedoch in der Kindheit durch möglichst vielseitige Sinnestätigkeiten angeregt werden.

In Bewegungshandlungen erleben Kinder, dass sie Ursache bestimmter Effekte sind. Im Umgang mit Dingen, Spielsituationen und Bewegungsaufgaben rufen sie eine Wirkung hervor und führen diese auf sich selbst zurück. Das Handlungsergebnis verbinden sie mit dem eigenen Können – und so entsteht eine erste Vorstellung von den eigenen Fähigkeiten. Sie lernen im Experimentieren und Ausprobieren: Ich bin der Urheber einer Wirkung, ich kann etwas – dieses Gefühl ist die Basis für das Selbstvertrauen und Selbstwertgefühl (Zimmer 2020).

Die Krippe ist der Ort, in dem Kinder neben ihrer Familie diese elementaren Erfahrungen machen können. Ihre Entwicklung schreitet in rasantem Tempo voran – und Bewegung spielt dabei eine wichtige Rolle.

„Bewegung erleben in der Krippe" bedeutet, mit anderen Kindern gemeinsam zu spielen, von und mit ihnen zu lernen, in der Begleitung durch aufmerksame, liebevolle Pädagoginnen und Pädagogen die Welt zu entdecken. Dies wird unterstützt durch eine anregende Umgebung, die aktiv erkundet wird, durch Materialien, die selbstständiges Entdecken zulassen und herausfordern, durch Spiel- und Bewegungsangebote, die die Erfahrungen der Kinder erweitern, durch Erlebnisse in der Natur, in der sie ihre Sinne auf vielfältige Weise erleben können.

Hierzu möchte das vorliegende Buch Anregungen geben.

Renate Zimmer

Kapitel 1

Alles hat seine Ordnung – Mit allen Sinnen Muster und Schemata entdecken

Steine aufeinanderstapeln, Papprollen der Größe nach ordnen, Löffel einräumen und ausräumen, aus Holzklötzen Türme oder eine Straße bauen – Kinder suchen in ihrem Handeln nach Gemeinsamkeiten, nach Mustern, die sich in den Objekten wiederfinden lassen. Sie ordnen, sortieren, sammeln, füllen, leeren aus, bringen Dinge weg und holen sie wieder. Die gleiche Handlung wird oft immer wieder wiederholt, manchmal wird das Ergebnis – der aus Klötzen gebaute hohe Turm – auch umgeworfen, um ihn gleich wieder neu aufzubauen.

Der Entwicklungspsychologe Jean Piaget bezeichnete solche immer wiederkehrenden Verhaltensmuster als „Schemata". Sie sind der Versuch des Kindes, sich die Welt durch aktives Tun zu erschließen, sie zu ordnen, Gemeinsamkeiten und Unterschiede zu entdecken, Neues in vorhandenes Wissen einzuordnen. So entstehen kognitive Strukturen, die die Voraussetzung für die Orientierung des Kindes in der Welt sind. Hierfür benötigen die Kinder Zeit, freie Spielsituationen, eine anregende Umgebung, die die Fantasie der Kinder anregt (Hebenstreit-Müller 2020).

Die folgenden Spielideen entstehen aus dem Materialangebot, das den Kindern im freien Spiel zur Verfügung steht. Die pädagogische Fachkraft kann die Aktivitäten der Kinder unterstützen, indem sie mit ihnen überlegt, welche Ordnung und Struktur in ihren „Werken" erkennbar ist: „Oh, das ist ja eine lange Schlange, die Stäbe haben alle die gleiche Länge ...", um die Reflexion der Kinder anzuregen – und trotzdem das Spiel nicht zu unterbrechen.

Einfüllen und Ausleeren, Einräumen – Ausräumen:

Material: Schachteln, Kisten, Bälle, Kannen, Eimer und Material zum Befüllen (Bälle, Holzkugeln, Holzklötze u. a.); für die Variante: Gießkannen, Eimer, kleine Gefäße

Die Idee: Stellen Sie Behälter wie eine Schachtel, einen kleinen Korb, einen Spieleimer o. Ä. bereit, gefüllt mit kleinen Gegenständen wie Holzkugeln, kleinen Bällen, Löffeln, Holzklötzen etc. Die Kinder räumen sie aus und gleich wieder ein, vielleicht sortieren sie sie auch bereits?

Spielimpulse:

- **Wegwerfen – wiederholen:** Aus einem Karton voller Bälle entsteht ein einfaches, aber bewegungsintensives Spiel: Einige Kinder sind die Ballwerfer, sie holen die Bälle aus dem Karton, werfen sie weit in den Raum (oder räumen sie auch einfach nur aus). Die anderen Kinder bringen sie wieder zurück zum Karton.
- **Variante: Einfüllen – umfüllen:** Die Kinder füllen Wasser in eine Gießkanne oder in einen Eimer, leeren ihn an einem anderen Ort wieder aus (in einen größeren Eimer, in einem Blumenbeet o. Ä.).

WISSEN KOMPAKT

Warum ist Bewegung im Kleinkindalter so wichtig?

Im Laufe der ersten beiden Lebensjahre vollzieht sich die geistige Entwicklung besonders rasch. Der Entwicklungspsychologe Piaget hält diese Periode für außerordentlich wichtig, da das Kind in diesem Alter alle kognitiven Strukturen aufbaut, die als Ausgangspunkt für seine späteren Handlungen dienen. Nach Piaget entwickelt sich die Intelligenz in der handelnden Auseinandersetzung des Kindes mit den Objekten seiner Umwelt. Denken vollzieht sich zunächst in der Form aktiven Handelns. Über die praktische Bewältigung von Situationen gelangt das Kind zu deren theoretischer Beherrschung (Zimmer 2020).

Im Kleinkindalter ist die Aufforderung, die von der unmittelbaren Umgebung ausgeht, Anlass für aktive Erkundungen. Besonders wichtig ist allerdings, wie sich die Bezugspersonen gegenüber dem Kind verhalten: Überbehütung schränkt den Bewegungsraum der Kinder ein, sie werden übervorsichtig und trauen sich meist weniger zu, als sie leisten könnten.

Eine liebevolle Begleitung des Kindes bei seinen Versuchen, sich die Welt über seinen Körper zu erobern, unterstützt es in der Entwicklung seiner Selbstständigkeit und gibt ihm Selbstvertrauen und Mut.

Transportieren

Material:
kleine bunte Baumwollsäckchen in verschiedenen Größen, mit Sand oder mit Bohnen gefüllt

Die Idee: Die Kinder sortieren die Säckchen der Farbe nach, dann ordnen sie sie der Größe nach. Nach welchen Merkmalen können sie noch geordnet werden? Nach dem Gewicht oder der Form? Sprechen Sie mit den Kindern über die Merkmale, die in ihren Ordnungen erkennbar sind.

Spielimpulse:

- Regen Sie die Kinder an, die Säckchen auf einem Körperteil zu transportieren: Geht das mit allen Größen? Auf welchen Körperteilen fällt das Tragen leicht, auf welchen fällt es schwer?
- Die Säckchen können auch über eine Brücke transportiert werden: Eine Bank wird aufgestellt. Sie stellt eine Brücke dar, über die die Säcke gebracht werden sollen – auf die andere Seite, hier ist ein Bahnhof ...
- Auf der Brücke können sich die Kinder auch begegnen, übernehmen die Säcke und transportieren sie weiter.

Tipp:

Die Säckchen lassen sich ganz einfach aus alten Kindersocken herstellen: Einfach einen bunten Strumpf mit Sand füllen und fest zuknoten.

COMBO
Typ
Cappuccino
Classico
200 g

Türme bauen, stapeln, umwerfen

Material:
viele Schuhkartons, Dosen, Haushaltsschwämme in verschiedenen Farben und Größen, Holzklötze

Die Idee: Die Materialien fordern die Kinder heraus zum Greifen, aber auch zum Legen, Werfen, zum Stapeln und Bauen.

Spielimpulse:

- **Kartonstraße:** Werden die Schuhkartons in einer Reihe hintereinander gestellt, spielen die Kinder damit „Zug“: mit einer Lokomotive und mit Waggons (offene Kartons). Diese werden beispielsweise mit kleinen Küchenschwämmen (= Bausteinen) beladen zu einer Baustelle transportiert. Oder die Kinder stapeln die Kartons aufeinander und errichten so einen Turm. Auch ein Haus kann mit den Kartons gebaut werden.
- **Schwammbausteine:** Haushaltsschwämme aus Schaumstoff sind handlich und leicht. Die Kinder sortieren sie nach Farben und nach Größen. Sie stapeln sie aufeinander, legen damit eine lange Reihe aus, schaffen aus den Schaumstoffsteinen einen Stall, ein Haus oder eine Straße.
- **Türme bauen:** Die Kinder bauen mit den Holzklötzen einen Turm, indem sie die Klötze stapeln so hoch es geht – und werfen sie ganz bestimmt schnell wieder um. Aus den Bausteinen kann auch ein Hochhaus, ein Bauernhof oder eine Mauer gebaut werden.

Reihen legen

Material:
Holzstäbe, Mikadostäbe

Die Idee: Sie sind eine feinmotorische Herausforderung. Die Holzstäbe, ob klein oder groß, lassen sich nur mit Daumen und Zeigefinger greifen, dem Pinzettengriff.

Spielimpulse:

- **Stab-Schlange:** Die Holzstäbe können der Länge nach hintereinander gelegt werden. Es entsteht eine lange, schmale Reihe – eine Stab-Schlange?
- **Flächenmuster:** Werden sie nebeneinander gelegt, entsteht aus vielen Stäben eine breite Fläche.
- **Farbenspiel:** Werden Mikadostäbchen verwendet, kann auch die Farbe beachtet werden. Welche Muster entstehen, wenn gleiche Farben neben- oder hintereinander gelegt werden? Und wie sieht es aus, wenn die Farben wechseln?

Tipp:

Sprechen Sie mit den Kindern über die Muster, die beim Aneinanderlegen der Stäbe entstehen. Vielleicht können sie mit den Stäben auch ein Viereck oder ein Dreieck legen.

Kunstwerke schaffen

Material:
Tannenzapfen, Blätter

Die Idee: Die Kinder sammeln im Wald Tannenzapfen und Blätter, sie nehmen sie mit in die Kita und schaffen damit ein „Kunstwerk“.

Spielimpuls:

- Mit den Zapfen ein Herz legen, einen Kreis oder einen Stern. Die Tannenzapfen werden in einer Richtung gelegt – z. B. immer mit der Spitze nach unten. So entsteht bei jedem Kind ein eigenes Kunstwerk.

„Sockenschwestern"-Suche

Material:
viele verschiedene Einzelsocken, einige Sockenpaare

Die Idee: Socken lassen sich gut greifen und sortieren – nach Farben, Größen oder Muster –, jedes Kind findet seine eigene Ordnung.

Spielimpulse:

- Überlegen Sie mit den Kindern, wie man die Socken sortieren kann. Die Kinder finden eigene Ordnungskategorien: große Socken – kleine Socken, alle schwarzen Socken, weiße Socken, bunte Socken, geringelte Socken. Gibt es zwei Socken, die gleich aussehen? Sockenbruder und Sockenschwester?

KURZ & KNAPP

Selbstsicherheit und Selbstwertgefühl

Nur durch die Erfahrung, Probleme selbst lösen zu können, Schwierigkeiten zu bewältigen und Aufgaben zu meistern, baut das Kind Vertrauen in die eigenen Fähigkeiten auf. Daraus entsteht Selbstsicherheit, ein positives Selbstwertgefühl.

Zu einem positiven Selbstwertgefühl gehört aber auch das Wissen um die eigenen Grenzen, die Einsicht, nicht alles zu können und die Fähigkeit, sich auch Schwächen und Misserfolge zuzugestehen.

Wege legen

Material:
bunte Scheiben aus Pappkarton oder Bierdeckel

Die Idee: Die Pappscheiben lassen sich gut greifen und gut ablegen. Legen Sie mit den Kindern mit Hilfe der Pappscheiben „Wege“ im Gruppenraum auf dem Boden. Welche Wegformen legen die Kinder? Einen langen Weg, auf dem zwischen den Pappscheiben viel Abstand ist oder einen kurzen Weg, auf dem die Scheiben ganz eng aneinander liegen? Oder einen Weg, auf dem die Scheiben kreuz und quer im Raum liegen?

Spielimpuls:

- Regen Sie die Kinder dazu an, über die Wege zu gehen, dabei auf jede Scheibe zu treten oder immer mal eine auszulassen.

Tipp:

Wenn auf dem Boden Markierungen (Linien, Kreise oder Quadrate) vorhanden sind, nutzen die Kinder sie für ein Spiel: Nur auf den Linien gehen – nicht daneben treten, in die Kreise springen, von einer Linie zur anderen springen oder von einem Quadrat zum anderen gehen …

PRAXISTIPP

DIE SELBSTÄNDIGKEITSENTWICKLUNG UNTERSTÜTZEN

Es gibt an jedem Tag eine Fülle von Gelegenheiten, die Selbständigkeitsentwicklung der Kinder zu unterstützen.
Zweijährige haben einen ganz großen Wunsch: alles alleine zu können. Und sie können so viel – wenn man sie lässt. Erwachsene neigen oft dazu, die Kinder in ihren Fähigkeiten zu unterschätzen, dabei beteuern die Kinder doch immer wieder: „Selber machen!", „Kann alleine!". Bereitwillig helfen sie, den Tisch zu decken, zu putzen und Staub zu saugen. Sie „arbeiten" gerne, weil sie in diesen Tätigkeiten ein sinnvolles Tun entdecken und sich ernst genommen fühlen.
In den „Ernstsituationen" des Alltags erproben und beweisen sie ihre Geschicklichkeit. Auch übermäßiges Beschützen birgt Gefahren in sich. Ohne Risiken, die allerdings vom Kind erkennbar und einschätzbar sein sollten, kann ein Kind nicht die eigenen Grenzen kennenlernen.

Messer, Gabel, Löffel

Material: Besteck

Die Idee: Die Kinder decken selbst den Tisch.

Spielimpulse:

- Wie viele Gabeln, Messer, Löffel werden benötigt, wenn alle am Tisch essen sollen? Die Besteckteile werden auf die jeweiligen Plätze am Tisch gelegt. Die Kinder kontrollieren selbst, ob es z. B. für jeden einen Löffel gibt oder ob noch einer fehlt.

Passende Deckel

Material: mehrere Gläser mit Schraubdeckeln in unterschiedlicher Größe

Die Idee: Eine Kiste mit Gläsern und eine Kiste mit Deckeln weckt die Neugier.

Spielimpulse:

- Regen Sie die Kinder an, zu den Gläsern die passenden Deckel zu suchen. Die Kinder probieren aus, welcher Deckel für das entsprechende Glas der richtige ist, manchmal erkennen sie es aber schon beim Ansehen.
- Mit den Deckeln kann man auch auf dem Boden Muster legen.

Kapitel 2

Etwas bewirken – die eigenen Stärken entdecken

Einen Gegenstand wegwerfen und ihn wieder herholen, an einer Tischdecke ziehen und damit ein darauf liegendes Spielzeug erreichen, auf einem Topfdeckel Geräusche machen – all diese Handlungen bewirken etwas, was das Kind sehen, hören, spüren kann. Die Wirkungen kann das Kind auf sich selbst zurückführen, auf sein eigenes Tun. Es erlebt sich als Urheber eines Effektes. Dies ermöglicht das Erleben von Selbstwirksamkeit – eine der wichtigsten Erfahrungen in den ersten Lebensjahren. Es ist für das Kind Antrieb für Anstrengung und Aktivität, es stärkt das Vertrauen in die eigenen Fähigkeiten.

Sobald die Kinder laufen können, haben sie Spaß daran, Ziehtiere, kleine Autos oder Wagen hinter sich her zu ziehen. Sie schieben einen Puppenwagen und ziehen es vor, den eigenen Buggy zu schieben, anstatt sich hineinzusetzen und sich fahren zu lassen. Sie bewegen Spielautos, rollen einen Ball hin und her und versuchen, auch schwere Hocker mit ihrer Körperkraft von der Stelle zu bewegen.

Die Erfahrung, auf die Umwelt einwirken zu können, einen Effekt zu erzielen, den sie selbst verursacht haben, gewinnen Kinder vor allem über ihren Körper. Bereits Kleinkinder experimentieren in körperlich-motorischen Handlungen, inwieweit sie Einfluss auf ihre Umgebung nehmen können.

Ball treiben

Material: ein dicker Pezziball; Kiste mit mehreren kleinen Bällen, die sich gut zum Werfen eignen

Die Idee: Im Raum liegt ein dicker Pezziball. Er soll zum Rollen gebracht werden – ohne dass die Kinder ihn mit der Hand oder dem Körper berühren.

Spielimpulse:

- Die Kinder holen sich aus einer Kiste mit kleineren Bällen einen Ball, mit dem sie den Pezziball abzutreffen versuchen. Wenn es gelingt, rollt der Pezziball ein Stück durch den Raum. Wird er wieder von dem Ball eines Kindes getroffen, ändert er seine Richtung.
- Besprechen Sie mit den Kindern eine weitere Spielidee: Der dicke Ball ist eine Sau, die in den Stall (eine Ecke des Raumes) gerollt werden soll, dabei dürfen zum Rollen nicht die Hände, sondern nur die Bälle genutzt werden.

KURZ & KNAPP

WAS IST SELBSTWIRKSAMKEIT?

Unter Selbstwirksamkeit wird die subjektive Überzeugung, selbst etwas bewirken und verändern zu können, verstanden. Dazu gehört die Annahme, selbst Kontrolle über die jeweilige Situation zu haben, sich kompetent zu fühlen und durch die eigenen Handlungen Einfluss auf die materiale oder soziale Umwelt nehmen zu können (Zimmer 2020).

Sternschnuppen

Material:
Luftballons oder Müllbeutel (ca. 25 l.) mit Griff, Streifen aus buntem Krepppapier oder bunte Chiffontücher

Die Idee: Die Luftballons werden aufgepustet, alternativ zu den Luftballons können Müllbeutel aus Plastik mit Luft gefüllt und an den Schlaufen zugeknotet werden („Luftbälle"). Die Krepppapierstreifen werden als Schweif an den Ballons bzw. den Luftbällen befestigt.

Spielimpulse:

- Die Kinder tippen die Ballons und die Luftbälle mit den Händen an, sodass sie in die Luft fliegen. Dabei schwebt der Papierstreifen wie ein Schweif durch die Luft.
- Beobachten Sie, welche Ideen die Kinder im Spiel mit den Ballons und Bällen haben. Verstärken Sie diese, indem sie z. B. auf die Ähnlichkeit mit Sternschnuppen verweisen.
- Die Ballons können auch am Schweif gepackt und im Gehen und Laufen hinter sich hergezogen werden.

Tipp:

Das Material ist gut geeignet, um insbesondere zurückhaltenden Kindern den Einstieg in die Gruppe zu erleichtern. Auch wenn sie nicht selbst aktiv sind, freuen sie sich an den fliegenden Luftballons der anderen Kinder. Das Material fordert dazu heraus, immer wieder neue „Flugwege" auszuprobieren. Die langsame Flugphase lässt auch schwächeren Kindern Zeit, sich auf das Objekt einzustellen.

Wurfbude

Material:
Dosen, Joghurtbecher, Trinkbecher aus Pappe in unterschiedlichen Größen, Wurfbälle aus Schaumstoff, Tennisbälle

Die Idee: Wird ein Gegenstand mit dem Ball getroffen, fällt er um – und macht dabei mehr oder weniger Geräusche. Der Effekt der Handlung ist also sichtbar und hörbar – für die Kinder eine große Herausforderung und Anreiz für viele Versuche.

Spielimpulse:

- Die Kinder versuchen, mit einem Ball ihrer Wahl die Becher zu treffen. Den Abstand zu den Bechern dürfen sie selbst bestimmen. Wenn alle Becher abgetroffen worden sind, werden sie wieder neu aufgebaut.
- **Variation:** Spannen Sie vor der „Wurfbude" eine Schnur auf, hinter die sich die Kinder zum Werfen stellen. Die Entfernung kann dann je nach Treffsicherheit verändert werden. Zuerst werden alle verfügbaren Bälle zum Abwerfen benutzt, dann werden die Becher neu aufgebaut und die Bälle werden wieder eingesammelt.

PRAXISTIPP

VARIABLE SCHWIERIGKEITSGRADE

Bewegungsangebote für Kleinkinder sollten so gestaltet werden, dass die Kinder sie aktiv und ohne Hilfe bewältigen können. Sie sollten verschiedene Schwierigkeitsgrade haben, sodass die Kinder das für sie passende Niveau auswählen können.

Kochlöffelhockey

Material: lange Kochlöffel aus Holz; kleine Bälle, Kartons oder Schuhe als Hindernisse

Die Idee: Bauen Sie mit den Kindern auf dem Boden Hindernisse auf: Kartons, Kissen, größere Holzklötze o. Ä., auch Schuhe können dazu genutzt werden. Die Bälle sollen mit einem Holzlöffel, der wie ein Minigolfschläger genutzt wird, um die Hindernisse herum gerollt werden.

Spielimpuls:

- Ein auf der Seite liegender offener Karton kann als Tor genutzt werden; die Kinder versuchen, die Bälle mit dem Holzschläger in das Tor zu treiben.

Tipp:

Die Kinder sollten aktiv in alle Aufgaben einbezogen werden. Sie wollen „selber" etwas machen, aktiv mitwirken. Sie sollten sich in ihrer Kraft, in ihren Kompetenzen erleben können. Auch schon beim Aufbau der Geräte wollen sie sich beteiligen.

Schlittschuhlaufen

Material:
für jedes Kind zwei Staubtücher oder auch kleinere Putzlappen

Die Idee: Ein glatter Boden auf dem Flur oder im Gruppenraum kann zur Schlittschuhbahn umfunktioniert werden. Auf Socken lässt es sich hier besonders gut rutschen.

Spielimpuls:

- Man kann aber auch Staubtücher oder Putzlappen als „Schlittschuhe“ benutzen und auf ihnen gleiten, rutschen und sich drehen.

PRAXISTIPP

VERTRAUEN VERMITTELN

Vermitteln Sie dem Kind das Gefühl „Du schaffst das schon“ und trauen Sie ihm auch zu, dass es schwierige Aufgaben meistern kann. Begleiten Sie seine Anstrengungen und geben Sie ihm Anerkennung und Bestätigung, auch wenn die Aufgabe nicht ganz geschafft wurde. Fehler, Irrwege und Umwege sind Bestandteile jeden Lernens, auch mit Misserfolgen muss das Kind umgehen lernen. Zeigen Sie ihm, dass es gar nicht weit von der Erreichung des Ziels entfernt ist, und kommentieren Sie die Bemühungen des Kindes in einer optimistischen Sprache: „Ganz alleine hast du es geschafft, die Stufe hochzuklettern, das war aber auch ganz schön schwer.“

Eine positive und optimistische Einstellung des Erwachsenen überträgt sich sehr schnell auf das Kind. Das Bild des Kindes von sich selbst ist auch davon abhängig, was andere ihm zutrauen und wie sie es einschätzen (vgl. Zimmer 2011).

Pfützenspringen

Material:
viele Zeitungsblätter

Die Idee: Breiten Sie mit den Kindern die Zeitungsblätter auf dem Boden aus. Jedes Blatt stellt eine Pfütze dar.

Spielimpulse:

- Man kann mit beiden Füßen in die Pfütze hinein- und auch wieder herausspringen.
- Regen Sie die Kinder an, weitere Ideen zum Spiel mit den „Pfützen" zu finden. So können sie
  - → um alle Pfützen herumlaufen (keine Pfütze berühren)
  - → von einer Pfütze in die andere springen
  - → vielleicht sogar eine Pfütze überspringen
- Wer möchte, kann seine Spielidee auch den anderen Kindern zeigen.

Fliegende Scheiben

Material:
Bierdeckel (runde Pappscheiben), evtl. Korb oder Eimer als Zielbehälter

Die Idee: Sie lassen sich gut greifen und sie fliegen beim ersten Wegwerfen mehr oder weniger gut. Jedes Kind nimmt sich eine Pappscheibe und probiert aus, wie sie fliegt.

Spielimpulse:

- Später können die Deckel über eine im Raum gespannte Schnur fliegen.
- Stellen Sie einen Eimer im Raum auf – die Kinder versuchen, die Pappscheiben in den Eimer zu werfen.
- Fordern Sie die Kinder auf, eigene Spielideen mit den fliegenden Pappscheiben zu finden.

Topfdeckelorgel – Klänge und Geräusche erzeugen

Material:
Topfdeckel in verschiedenen Größen, Holzstab oder Metallstab/-löffel zum Anschlagen

Die Idee: Die Kinder probieren aus, welche Geräusche, Töne, Klänge sie mit einem Holzstab oder einem Löffel auf einem Topfdeckel erzeugen können. Dazu schlagen sie die Topfdeckel mit verschiedenen Stäben an.

Spielimpuls:

- Wie klingt es, wenn man einen Holzstab, einen Metallstab oder einen Löffel verwendet?

So entwickeln Kinder eine optimistische Haltung

WISSEN KOMPAKT

Bei allen Spielangeboten ist es wichtig, dass die Kinder eine optimistische Grundeinstellung entwickeln können, die ihnen das Gefühl gibt, Schwierigkeiten gewachsen zu sein.

Eine wesentliche Vorbedingung für die Entwicklung eines positiven Selbstkonzeptes ist das Bereitstellen von Situationen, in denen die Kinder selbst aktiv werden können. Für sie ist es wichtig zu erfahren, dass ihre Motive und Handlungsimpulse in ein – aus ihrer Sicht sinnvolles – Verhalten umgesetzt werden können. Selbstständigkeit, Entscheidungsfähigkeit und Planung des eigenen Verhaltens können von den Kindern nur dann gelernt werden, wenn ihnen ein entsprechender Handlungsspielraum zur Verfügung steht.

Dies heißt allerdings nicht, dass die pädagogische Fachkraft die Kinder einfach sich selber überlassen sollte. Eine völlig offene Situation, die weder durch konkrete Aufgabenstellungen noch durch äußere Grenzen eingeengt ist, überfordert die Kinder.

Ein möglichst großer Handlungsspielraum innerhalb einsichtiger und sinnvoller Grenzen, die z.B. vom Material, von strukturierten Angeboten und den Anregungen der pädagogischen Fachkraft oder auch den anderen Kindern ausgehen können, gibt ihnen dagegen die Freiheit der Entscheidung, aber auch Hilfen für die selbstständige Bewältigung der Situation.

Kapitel 3

Räume für Ruhe und Räume für Bewegung

Ein Raum ist für jüngere Kinder erst einmal ein Bewegungsraum, ein Raum, in dem sie ihrem Bedürfnis nach körperlicher Aktivität, nach Rennen, Toben und Klettern, nachkommen können. Dies trifft auch auf den Gruppenraum zu. Anstatt ihn mit Tischen und Stühlen zu möblieren und damit die variable Nutzung für die Kinder einzuschränken, sollten Hocker, Podeste, Bänke und Würfel verwendet werden, die leicht veränderbar sind und auch von den Kindern umgestellt und für Bewegungsspiele, aber auch für einen Sitzkreis oder gemeinsame Mahlzeiten verwendet werden können.

Manchmal schaffen sich die Kinder einen Raum im Raum. Verstecke, Höhlen, Buden, selbst gebaute Häuser aus Kartons sind Ausdruck der Suche nach Geborgenheit, nach Rückzugsmöglichkeiten, nach Verstecken (um sich dort gleich wieder finden zu lassen). Sie machen aber auch deutlich, dass Räume von Kindern ganz unterschiedlich wahrgenommen und erlebt werden.

Räume in der Krippe müssen sich den verändernden Bedürfnissen der Kinder anpassen:

- Für Krabbelkinder ist der Boden der Hauptaktionsort, hier sind unterschiedliche Bodenbeläge und wechselnde Oberflächenstrukturen wichtig, ebenso Objekte, die entdeckt und erprobt werden können.
- Das aufrechte Stehen und das freie Gehen erweitert den Aktionsradius der Kinder, das Hochziehen an Möbeln, das Überwinden von Hindernissen, das Schieben und Ziehen von Gegenständen gewinnt an Bedeutung.
- Verfügen die Kinder dann über die Fähigkeiten der sicheren Fortbewegung, wird ihr Interesse an der dritten Dimension des Raumes geweckt: Klettern, springen, schaukeln, rutschen erfordern eine entsprechende Raumgestaltung.

Den Boden erkunden

Kriechen, Robben, Rutschen, Krabbeln ermöglichen dem Kleinkind, aktiv den Raum zu erkunden und zu erobern. Jeden Tag erweitert sich sein Fortbewegungsradius. Der Boden ist für Kinder ein wichtiger Bewegungsraum, das sollte schon bei der Einrichtung der Krippe bedacht werden.

- **Bodenbelag:** Er sollte verschiedene Materialien aufweisen, also z. B. aus Holz, Kork, Steinfliesen, Linoleum oder Teppichboden beschaffen sein und damit die taktile Wahrnehmung ansprechen. Wo dies nicht bereits beim Bau berücksichtigt wurde, kann der Boden auch noch nachträglich situativ verändert werden.
- **Situative Bodengestaltung:** Fußmatten aus unterschiedlichen Materialien, Teppichfliesen, Korkelemente werden nebeneinandergelegt und ermöglichen den Kindern differenzierte Wahrnehmungsqualitäten (rau, glatt, weich, hart, warm, kalt etc.).

KURZ & KNAPP

Erwachsene als „Bewegungsbegleitung"

Es sind die Dinge, die das Kind zur Bewegung herausfordern, aber es sind auch die Erwachsenen, die das Kind bei seinen Versuchen, die Welt und sich selbst kennenzulernen, begleiten. Sie können unterstützen, aber auch behindern, sie können ermuntern, aber auch entmutigen.

Bodenmarkierungen

Material:
Klebeband

Die Idee: Ein mit unterschiedlichen Materialien gestalteter Boden wird von den Kindern für selbst erfundene Spielideen genutzt werden: nur auf die Holzsteine treten, über die gatten Fliesen springen ... Aber auch Bodenmarkierungen, Linien und geometrische Elemente können den Raum strukturieren.

Spielimpulse:

- Mit einem Klebeband werden **Linien** auf den Boden geklebt: gerade Linien, aber auch Kurven, über die die Kinder gehen, balancieren und über die sie springen.
- **Kreise, Vierecke oder Balken** geben Orientierung und schaffen Anlässe für Bewegungsspiele: Von einem Kreis in den anderen springen, in die Vierecke mit einem Fuß – in die Kreise mit beiden Füßen springen. Die Kinder suchen selbst nach Variationen, um die Markierungen auf dem Boden zu nutzen.

Warum Spiele mit dem Gleichgewicht so wichtig sind

WISSEN KOMPAKT

Die Anziehungskraft der Erde führt dazu, dass wir im ständigen „Kampf" mit dem Gleichgewicht leben. Das Gleichgewichtssystem liefert die Voraussetzungen dafür, dass wir unseren Körper aufrecht halten können, dass wir aufrecht gehen und uns im Raum orientieren können.
Das Gleichgewichtsorgan, das im Innenohr liegt, reagiert auf die Einwirkung der Schwerkraft und auf Lage- und Haltungsveränderungen des Körpers. Die Informationen aus diesen Wahrnehmungen meldet es ans Gehirn weiter, sodass von dort bei Bedarf entsprechende Anpassungsleistungen ausgelöst werden. So werden z. B. bei unsicherem Stand auf einer schmalen Unterstützungsfläche Ausgleichsbewegungen mit den Armen eingesetzt, um das Gleichgewicht nicht zu verlieren und etwa neben den Strich zu treten oder von der Mauer oder dem Stein herunterzufallen.
Kinder erfinden immer wieder neue Spiele, um ihr Gleichgewicht auszutesten. Zum Balancieren muss man Kinder nur in den seltensten Fällen auffordern, meist nutzen sie von sich aus jede Gelegenheit, ihr Gleichgewicht zu erproben: Markierungslinien auf dem Boden fordern sie heraus, Bordsteinkanten ziehen sie dem breiten Gehweg vor, im Wald lassen sie keinen Baumstamm am Rande liegen, keine Gartenmauer ist vor ihnen sicher.

Höhlen und Buden bauen

Die Kinder schaffen im Raum gern einen weiteren Raum: Sie bauen Buden, Höhlen und Nester, nutzen Nischen und Ecken, um sich Rückzugsmöglichkeiten zu schaffen oder sich von anstrengenden Aktivitäten auszuruhen. Mit einfachen Materialien können diese Bedürfnisse – auch nach selbstständigem Bauen – erfüllt werden:

- **Höhlen:** Tücher und Decken werden über Tische gelegt, darunter wird eine Matratze oder ein Matte gelegt, so entsteht ein gemütlicher Rückzugsraum.
- **Buden:** Schaumstoffteile, Matratzen, Kissen werden genutzt, um in einer Nische eine Bude zu bauen.
- **(Hunde-)Hütten:** Große Tonnen liegen auf dem Boden, innen werden sie mit Decken und Kissen ausgestattet. Evtl. können sie auch aufrechtstehend verwendet werden, wenn eine ausreichend große Öffnung eingeschnitten werden konnte.
- Auch stabile Umzugskartons eignen sich als **Kuschelecken** für die Kinder.

Entspannungsinseln

Material:
Schaumstoffelemente, Matratzen, Moskitonetze, Decken, Kissen, Kuscheltiere

Die Idee: Raumecken können als Entspannungsinseln gestaltet werden.

So geht's:

- Eine Ecke mit Schaumstoffelementen und -matratzen auskleiden, an der Decke an einem Haken ein Moskitonetz aufhängen. In die entstandene Höhle kommen Decken, Kissen und große weiche Kuscheltiere. Fertig ist eine Ruhezone zum Bilderbuchbetrachten, zum Träumen, für Rollenspiele und um sich zurückzuziehen.

Tipp:

In solchen Buden oder Höhlen richten die Kinder sich Kuschelecken ein oder sie gestalten sich selbst einen „Ruheraum". Hier können sie sich von den Geräuschen im Gruppenraum und von den Aktivitäten der Gruppe abschirmen, zur Ruhe kommen oder einfach nur einmal alleine sein.

Tunnel

Material:
Hocker/Stühle, Bettlaken/Decke

Die Idee: Kriechtunnel unterschiedlicher Länge können Spielorte miteinander verbinden.

So geht's:

- Mehrere Hocker (oder Stühle) werden hintereinandergestellt. Über die Sitzflächen wird ein Bettlaken oder eine Decke gelegt, fertig ist ein Tunnel, durch den man kriechen kann.
  Die Kinder sind davon fasziniert, in das Dunkle des Tunnels einzusteigen und am anderen Ende wieder ins Helle zu gelangen. Wenn er zu dunkel ist, kann auch ein Hocker unbedeckt bleiben – ein Fenster im Tunnel.

WISSEN KOMPAKT

Bewegungsräume für Kleinkinder gestalten

Räume für Kleinkinder müssen viele – zum Teil auch widersprüchliche – Bedürfnisse erfüllen: Kinder wollen sich großräumig bewegen, aber sie wollen auch Ruhe genießen; sie wollen mit anderen spielen, aber auch sich alleine einer Aktivität widmen; sie wollen laut sein, aber auch Stille erleben. Sie suchen die Geborgenheit einer Nische und Höhle – aber auch die freie Fläche für Nachlaufspiele und wildes Toben. In dem begrenzten Gruppenraum wird dies nur mit einer flexiblen Raumeinteilung möglich sein.

Hindernisse überwinden

Stabile Hindernisse, auf und über die die Kinder klettern können, ermöglichen die Erfahrung einer neuen Dimension im Raum. Podeste, Hocker, kleine Kästen lassen erste Erfahrungen mit der Höhe zu. Die Kinder überwinden die Hindernisse kletternd oder steigen hinauf und springen herunter. Beim Bau der Hindernisse sollte auf unterschiedliche Höhen geachtet werden, damit auch weniger mutige und kleinere Kinder sich beteiligen können.

Treppen: Steigen, Springen und Rutschen

Material: evtl. Matratze

Die Idee: Treppen stellen die Verbindung zwischen zwei unterschiedlich hohen Ebenen dar, z. B. als Aufgang zur zweiten Ebene im Gruppenraum. Für Kinder ist die Treppe ein idealer „Trainingsort" für die Bewegungskoordination: Arm- und Beinbewegungen müssen gesteuert und aufeinander abgestimmt werden, wenn die Kinder – zunächst meist auf allen vieren – die Treppe bewältigen. Auch kleinere Kinder üben sich in der Bewältigung der Treppe: Sie kriechen auf allen vieren vorwärts hinauf und rückwärts herunter, halten sich beim Gehen am Geländer fest und beenden das Treppensteigen dann oft mit einem Sprung von der letzten Stufe.

Spielimpuls:

- Die Treppe kann auch als Rutsche genutzt werden: Eine Matratze wird am oberen Ende aufgelegt, auf ihr können die Kinder bis ans Ende der Treppe herunterrutschen.

Schaukeln, Wippen, Schwingen

Material:
Karabinerhaken,
Tellerschaukel,
Schaukeltuch/
Hängematte

Die Idee: Die dritte Dimension im Raum kann nicht nur beim Klettern und Springen erlebt werden, sondern auch beim Schwingen und Schaukeln.

So geht's:

- Wenn an der Decke des Raumes ein Karabinerhaken angebracht wird, lassen sich hieran flexibel eine Tellerschaukel, ein Schaukeltuch oder auch eine Hängematte anbringen.

KURZ & KNAPP

RAUMDIMENSIONEN ERFAHREN

Räume sind dreidimensional, und gerade die dritte Dimension – die Höhe – übt auf Kinder einen besonderen Reiz aus: Klettern, steigen, Podeste erklimmen – dies ermöglicht auch kleinen Kindern einen neuen Standort und das Erleben einer neuen Raumbeziehung: Unten und oben werden in Bewegung und über den Körper erfahren. Alles im Blick zu haben gibt auch Gelegenheit zur Übernahme einer neuen Rolle.

Kapitel 4

Fingerspiele – Reime und Quatschverse

Fingerspiele, Verse, Reime gehören zum überlieferten Spielgut, das den Kindern gerade in den ersten Lebensjahren viele Anregungen auf motorischer, aber auch auf sprachlicher und rhythmischer Ebene bietet.

Der Klassiker der Fingerspiele „Wie ein Fähnchen auf dem Turme“ fasziniert schon wenige Wochen alte Babys: Gebannt verfolgen sie die Bewegungen der Hände der Mutter und den Klang ihre Stimme und schon bald bewegen sie ihre Händchen mit. Das Zusammenspiel von Bewegung, Rhythmus, Sprechen, Singen fasziniert auch die älteren Kinder noch, erweitert werden die Fingerspiele dann durch Einbeziehung des ganzen Körpers. Die Kinder gewinnen ein Gefühl für den Sprechrhythmus, häufige Wiederholungen führen dazu, dass sie sich die einfachen Texte einprägen und sie bald mitsprechen und mitsingen können.

Traditionelle Fingerspiele, Verse und Reime sind meist einfach in der Wortwahl, sie sind kurz – damit die Konzentration der Kinder nicht überfordert wird – und mit einer direkten Ansprache der Kinder verbunden. Je einfacher sie sind, umso mehr lassen sich die Kinder auf sie ein. „Nochmal, Nochmal“ rufen sie nach dem Karusselllied, zu dem sie sich wild drehen.

Auch die sprachlichen Kompetenzen der Kinder können unterstützt werden. Über die Freude an der Bewegung wird die Sprechlust des Kindes geweckt, besonders anregend sind dabei rhythmische Verse, die mit rhythmisierter Bewegung verbunden werden. Nicht immer müssen die Verse einen Sinn ergeben, Kindern machen gerade auch „Quatschverse“ großen Spaß.

Die folgenden Beispiele greifen auf bekannte Fingerspiele, Lieder und Reime zurück, die zum Teil leicht verändert wurden, oder es werden neue Verse vorgestellt, die gemeinsam mit Kindern „erfunden“ wurden.

Begrüßungsvers

Wir winken ...

Wir winken mit den Händen
und wolln euch Grüße senden
kommt und winkt alle mit

Wir stampfen mit den Füßen
so wollen wir uns begrüßen
Kommt und stampft alle mit

Wir wackeln mit den Zehen
das könnt ihr alle sehen
kommt – wackelt alle mit

Wir klatschen in die Hände
da wackeln gleich die Wände
kommt und klatscht alle mit

Wir reiben uns den Bauch
denn hungrig sind wir auch
Kommt und reibt alle mit

(Renate Zimmer, gemeinsam mit Kindern „gefunden")

So geht's:

- Der Vers kann mit den Kindern gesprochen oder mit einer einfachen Melodie gesungen werden. Die Kinder winken mit den Händen, stampfen mit den Füßen oder reiben sich den Bauch – so, wie es der Text vorgibt. Die Kinder finden auch gern neue Reime.

SAILING
Challenger

Die Hände

Meine Hände sind verschwunden,
ich hab' keine Hände mehr (Hände verstecken),
Oh da sind die Hände wieder (Hände zeigen)
Trallalala

Meine Füße sind verschwunden …

Meine Augen sind verschwunden …

Meine Nase ist verschwunden …

(Text und Melodie: überliefert)

So geht's:

- Bei diesem bekannten und von den Kindern geliebten Spiellied werden die Hände hinter dem Rücken versteckt, die Füße werden mit den Händen bedeckt, die Augen, die Nase, der Mund etc. werden mit den Händen zugehalten – und dann mit Freude wieder gezeigt. Das ist für die Kinder spannend und auch die Kleinsten machen mit, indem sie sich an dem Vorbild der Älteren orientieren. Das Lied eignet sich gut zur Körperwahrnehmung.

KURZ & KNAPP

RHYTHMUS UND MUSIK KÖRPERLICH ERLEBEN

Kleinkinder nehmen den Sprachrhythmus intuitiv auf und geben ihn körperlich wieder. Sie üben ihre Stimme wie auch die Beweglichkeit der Hände und Füße. Sie beginnen sofort, im Rhythmus zu klatschen, zu tanzen, sie bewegen die Hände/Füße.

Die kleine Schnecke Schnirgelschreck

Aus einem Schnick-Schnack-Schneckenhaus
da gucken kleine Hörner raus.
Die kleine Schnecke Schnirgelschreck
oh je, jetzt ist sie wieder weg.

Und aus dem Schnick-Schnack-Schneckenhaus
da kommt jetzt eine Schnecke raus.
Die kleine Schnecke Schnirgelschreck
bewegt sich und kommt kaum vom Fleck.

Schnick-Schnack-Schnirgelschnecke
kommt ganz langsam um die Ecke.
Hat dabei ihr Schneckenhaus,
kriecht mal rein und wieder raus.

(Renate Zimmer)

So geht's:

- Sprechen Sie das Gedicht langsam, zunächst vielleicht auch nur einen Vers. Dabei machen Sie mit den Kindern zusammen die Bewegungen der Schnecke mit den Fingern auf dem Boden nach: Die Finger bewegen sich nach vorne, weichen wieder zurück, kriechen langsam um die Ecke etc.

Fußspiele

Zeigt her eure Füße

Zeigt her eure Füße, zeigt her eure Schuh
und sehet den wilden Kindern zu.
Sie strampeln, sie strampeln den ganzen Tag.
Sie strampeln, sie strampeln den ganzen Tag.

So geht's:

- Fragen Sie die Kinder, was die wilden Füße noch tun? Sie hüpfen, sie laufen, sie stolpern, sie fallen – den ganzen Tag!

Fußgrüße

Wie wollen wir uns begrüßen?
Ganz einfach mit den Füßen!
So stampfen wir, stampfen wir, mit den Füßen!

Tipp:

Dieser kleine Vers sorgt für einen schwungvollen Einstieg in den Tag oder eine neue Aktivität, macht alle Sinne wach und sorgt für gute Stimmung.

Kitzel- und Berührungsspiele

Kommt ein Mäuschen

Kommt ein Mäuschen
aus dem Häuschen.
Klingeling,
klopft an:
Guten Tag Herr Nasemann.

So geht's:

- Mit den Fingern wie ein „Mäuschen" über die Arme oder den Bauch des Kindes krabbeln, bei „klingeling" am Ohr zupfen, bei „klopft an" auf die Wange klopfen, zum Schluss sanft auf die Nase tippen.

PRAXISTIPP

NÄHE UND DISTANZ

Bei Kitzel- und Berührungsversen sollten Sie darauf achten, inwieweit das Kind Berührungen zulässt, gerne hat oder sich dagegen sträubt. Manche Kinder genießen das Kitzeln und Berührtwerden, andere halten lieber körperliche Distanz – das sollte unbedingt berücksichtigt werden. Stattdessen kann ggf. ein Teddybär oder eine Puppe gekitzelt werden.

Der Floh

Kommt eine Katze,
faucht mit der Tatze.
Kommt eine Kuh, die macht muh.
Kommt ein Schaf, das braucht Schlaf.
Kommt ein Floh – der macht so ...

So geht's:

- Die Tiere darstellen: Die Katze faucht, die Kuh muht, das Schaf gähnt und dann kommt der Floh – und pikst die Kinder am Rücken!

Schaukelspiele – Spiele mit dem Gleichgewicht

Das Schaukelschiff

Fährt ein Schifflein übers Meer,
es schaukelt hin, es schaukelt her,
es schaukelt hin, es schaukelt her;
da kommt ein starker Sturm,
der wirft das Schifflein um.

So geht's:

- Bilden Sie mit den Kindern einen Kreis, alle fassen sich an den Händen und schaukeln im Stehen hin und her. Bei stärkerem Sturm wird auch das Schaukeln wilder. Zum Schluss fallen alle auf den Boden.

Tipp:

Ein Kind kann sich auch auf eine Decke legen, die anderen stehen um die Decke herum und heben es gemeinsam mit Ihnen leicht an und schaukeln es hin und her. Zum Schluss lassen sie das Kind sanft auf den Boden sinken.

Große Uhren – kleine Uhren

Große Uhren machen tick-tack-tick-tack-tick-tack,
kleine Uhren machen tick-tack-tick-tack-tick-tack.
Klitzekleine Uhren machen ticke-tacke-ticke-tacke-ticke-tacke.
Und der Wecker, der macht brrrrrrrrrrrr.

So geht's:

- Die Kinder sitzen im Kreis auf dem Boden, sie pendeln mit dem Oberkörper im Rhythmus der Uhren hin und her und werden dabei immer etwas schneller. Wenn der Wecker rasselt, schütteln sich die Kinder.

PRAXISTIPP

DIE MODULATIONSFÄHIGKEIT DER STIMME NUTZEN

Welche Resonanz die Fingerspiele, Reime und Verse bei den Kindern haben, ist auch vom Erwachsenen abhängig: Nutzen Sie die Modulationsfähigkeit Ihrer Stimme, passen Sie Ihre Stimmlage dem Inhalt an, setzen Sie auch Gestik und Mimik ein. Bei einem spannenden Kitzelvers sollte sich die Spannung auch schon an Ihrer Stimme erkennen lassen.

Einfache Mitmachreime

Hampelmann

Ich bin ein kleiner Hampelmann
und springe hin und her.
Jetzt seht ihr wie ich hampeln kann,
das ist ganz schön schwer.
Die Arme hoch, die Arme tief,
die Füße eng, die Füße weit –
Wer ist dazu bereit?

So geht's:

- Ein an der Wand hängender Hampelmann dient als Anschauungsobjekt. Die Kinder ziehen an der Schnur und versuchen die Bewegungen des Hampelmanns zu imitieren.

Tipp:

Anstelle des Hampelmanns können von den Kindern auch weitere Ideen gefunden werden:
Ich bin ein kleiner Pinguin und
watschele hin und her ...
Ich bin ein dicker, großer Bär und
schwanke hin und her ...

Der Frosch quakt

Quak, quak, quak,
der Frosch sagt guten Tag.

Er springt mal hoch
und springt mal weit,
ihm tun die anderen Tiere leid,
die gar nicht quaken können.

Quak, quak, quak,
der Frosch sagt guten Tag.

So geht's:

- Die Kinder spielen Frösche, die springen und quaken. Auf dem Boden (Gruppenraum oder draußen auf der Wiese) liegen Reifen, in die die Kinder springen. Sie springen von Reifen zu Reifen, setzen auch die Hände auf dem Boden auf und springen mit den Füßen nach.

Tipp:

Sprechen Sie mit den Kindern über die Laute, die die Tiere machen. Ein Frosch kann quaken, das können die anderen Tiere nicht. Aber welche Laute machen sie? Der Hund macht wau wau, die Katze miau, der Hahn Kikeriki etc. So können auch neue Verse entstehen!

Rituale vor dem Nach-draußen-Gehen

Kinder lieben immer wiederkehrende Rituale, sie geben dem Tagesablauf Struktur und Vertrautheit. Rituale können Begrüßung und Abschied begleiten, aber auch alltägliche Situationen wie das Rausgehen, das Anziehen von Jacke oder Stiefeln/Schuhen. Letzteres sind Übungssituationen, eine Herausforderung für Krippenkinder. Da hilft ein Reim beim Hand-werk und überbrückt die Zeit, die das Jacke- oder Stiefelanziehen eben noch braucht.

Beim Stiefelanziehen

Wir zieh'n uns jetzt die Stiefel an,
ein jeder so, wie er es kann,
und gehen jetzt nach draußen!

Wir spielen im Matsch

Pitsch, Patsch, Patsch,
heute machen wir Quatsch.
Wir gießen das Wasser
in den Sand, der wird immer nasser,
und dann spielen wir mitten im Matsch.

Heut ist Montag

(Zur Melodie von Bruder Jakob)

Heut ist Montag,
heut ist Montag,
o wie schön, o wie schön.
Draußen scheint die Sonne,
draußen scheint die Sonne,
lasst uns gehn, lasst uns gehn

Heut ist Dienstag,
heut ist Dienstag,
o wie schön, o wie schön.
Draußen gibt es Regen,
draußen gibt es Regen,
lasst uns gehn, lasst uns gehen.

Verändern, erweitern Sie den Text je nach aktueller Situation:

Schaut es regnet, schaut es regnet,
alles nass, alles nass.
Gehn wir jetzt nach draußen,
gehn wir jetzt nach draußen,
das macht Spaß!

Schaut es regnet, schaut es regnet,
alles nass, alles nass.
Gehn wir in den Garten, gehn wir in den Garten,
das macht Spaß!

Schaut es regnet, schaut es regnet,
alles nass, alles nass.
Holen wir die Stiefel, holen wir die Stiefel
und gehen ins Gras!

Kapitel 5

Bewegungslandschaften

Die Bewegungslandschaft kommt dem Bedürfnis der Kinder nach freiem, selbstbestimmten Spielen und Sich-Bewegen entgegen. Sie ist ein Beispiel für offene Bewegungsangebote, bei denen den Kindern Gerätekombinationen und Materialien zur Verfügung stehen, die Art der Nutzung ihnen aber weitgehend freigestellt ist.

Der Bewegungsraum, die Eingangshalle, aber auch der Gruppenraum können wie eine Landschaft gestaltet werden: Geräte werden so miteinander kombiniert und durch Kleinmaterialien ergänzt, dass sich verschiedene Ebenen, unterschiedliche materiale Untergründe oder Hindernisse ergeben, die Kinder zum Erproben anregen und auffordern. Ähnlich wie in der Natur gibt es beispielsweise Gräben zum Überspringen (Matten, die in Abständen nebeneinander auf dem Boden liegen) oder Berge und Hügel zum Hinaufklettern und Herabspringen (Kästen, Matten, Schaumstoffelemente).

Bewegungslandschaften können ganz auf die individuellen Bedürfnisse von Kindern verschiedener Altersstufen abgestimmt werden. Für jüngere Kinder können sie „bodennah" gestaltet werden: Mit Decken, Kissen, Matten, flachen Kästen und Schaumstoffblöcken bieten sie erste Herausforderungen bereits im Krabbelalter. Hier erfahren Kinder die Beschaffenheit verschiedener Untergründe, überwinden Hindernisse, kriechen durch Tunnel und krabbeln über Kissenberge, verstecken sich unter Tüchern. Aus der sicheren Position des Kriechens und Krabbelns nutzen sie die Gelegenheiten sich hochzuziehen, sich stützend in die aufrechte Position zu bringen.

Ist diese erreicht, gewinnen die Hindernisse im Raum an Bedeutung. Aufrecht gehen zu können heißt nun, sich neuen Herausforderungen zuzuwenden: sich auf schiefe Ebenen hinaufziehen, über Bretter rutschen, auf kleine Kästen klettern, Stufen steigen, unter Hindernissen hindurchkriechen – mit zunehmender Sicherheit werden auch die Wagnisse größer (Zimmer 2014).

Kissenlandschaften

Material:
viele Kissen in unterschiedlichen Größen

Die Idee: Die Kissen werden auf dem Boden verteilt. Die Kinder probieren aus, wie sie die Kissen überwinden können. Sie krabbeln und kriechen auf allen vieren, über die Kissen kann man rollen, sich auf ihnen wälzen, sich auf den Bauch oder auf den Rücken auf die Kissen legen. Sie laufen um die Kissen herum, suchen sich ein Kissen aus, auf dem sie zwischendurch eine kleine Ruhepause einlegen möchten.

Gräben überspringen

Material:
Bodenturnmatte oder flache Matratzen

Die Idee: Die Matten werden so auf dem Boden nebeneinandergelegt, dass ein V entsteht: An einer Ecke liegen sie direkt aneinander, an der anderen ist ein größerer Abstand. So entsteht ein „Graben", der von den Kindern überwunden werden kann. Ob im Gehen, im Kriechen, im Laufen, im Springen: Die Kinder suchen sich eine Stelle aus, die sie sich für die Überwindung des Grabens zutrauen. Ermuntern Sie die Kinder, die für sie richtige Stelle zu finden.

Tipp:

Eine Geschichte kann die Fantasie der Kinder anregen: Die Matten sind Inseln im Wasser. Wie kann man es schaffen, ohne nasse Füße zu bekommen von einer zur anderen zu gelangen?

Über Berg und Tal

Material:
kleine Kästen,
tiefe Tische,
Matten,
Matratzen,
Hocker, Bänke

Die Idee: Kästen, Hocker und Bänke werden im Raum aufgestellt, schräg auf sie hinauf führen Bänke und Bretter, die sicher eingehakt oder aufgelegt werden können. Unter und hinter den höheren Geräten liegen Matten. Die unterschiedlich hohen Geräte können von den Kindern erobert werden, jedes Kind sucht sich selbst aus, welchen Berg es auf allen vieren erklettern will.

Tipp:

Die Höhe der Geräte sollte so begrenzt sein, dass die Kinder sich selbstständig daran bewegen können.

PRAXISTIPP

SPIELFREUDE BRAUCHT FREIRÄUME

Hochheben hilft dem Kind nicht weiter. Als Grundregel gilt: Heben Sie kein Kind auf ein Spielgerät, das es aus eigener Kraft noch nicht erreichen kann. Eine Ausnahme ist der Wickeltisch (auch er sollte Treppenstufen haben) oder ein Stuhl am Tisch, wenn das Kind noch nicht läuft.

Wackelstraße

Material: mehrere Sofakissen, Sitzkissen oder Stuhlauflagen, rutschfeste Fußmatten

Die Idee: Die Sitzkissen, Stuhlauflagen und Sofakissen werden hintereinander auf den Boden gelegt. Sie stellen die großen Steine einer unebenen Straße dar. Die Kinder können auf allen vieren über die Steine krabbeln oder auch aufrecht balancieren.

Spielimpuls:

- Wer ganz mutig ist, kann das Balancieren noch erschweren, indem er versucht, mit einem Kissen auf dem Kopf von Stein zu Stein zu gehen.

Wiese mit Maulwurfshügeln

Material: ein großes Schwungtuch/Bettlaken, Schaumstoffelemente, Sandsäckchen, Seile, Kissen etc.

Die Idee: Das Schwungtuch wird auf dem Boden ausgebreitet, darunter werden Materialien wie Schaumstoffelemente, Sandsäckchen, Seile oder Kissen gelegt. Es entsteht eine unebene Landschaft, wie eine Wiese, auf der es ganz viele Maulwurfshügel gibt. Auf dieser geheimnisvollen Wiese sind die Hügel aber nicht so gut zu sehen. Die Kinder krabbeln zunächst über die „Wiese“, beim aufrechten Gehen kommen sie mal tief auf dem Boden, mal oben auf einem Maulwurfshügel auf.

Wellenspringen

Material:
ein großes Schwungtuch, leichte Bälle

Die Idee: Die Kinder stehen um das Schwungtuch herum, fassen es mit den Händen und bewegen es auf und ab, sodass Wellen entstehen.

Spielimpulse:

- Einige Kinder legen sich auf das Schwungtuch, während die anderen Wellen erzeugen.
- Zwei bis drei Kinder laufen durch die „Wellen“, treten auf die Wellen oder springen mit beiden Füßen hinein.
- Kleine Bälle werden auf das Tuch gelegt und durch die Bewegungen der Kinder auf dem Tuch hin- und her gerollt.

PRAXISTIPP

AUFGABEN DER PÄDAGOGISCHEN FACHKRAFT

Bewegungsbaustelle und Bewegungslandschaft sind offene Bewegungsangebote. Sie erfordern Vorbereitung hinsichtlich der Materialien und Gerätekombinationen – sie sind aber dennoch offen für die spezifischen Interessen und Bedürfnisse der Kinder und lassen ihnen einen möglichst großen Freiraum. Überflüssig ist die pädagogische Fachkraft hier allerdings nicht: Sie begleitet und beobachtet die Kinder in ihrem Tun, achtet darauf, dass keine von ihnen nicht erkennbare Gefahren entstehen, unterstützt Kinder, die noch Hilfe und Zuspruch benötigen. Sie nimmt Anteil an den Aktivitäten, bestärkt die Ideen der Kinder, sie ist präsent und erkennt die Leistungen der Kinder an.

Wackelberge

Material:
Luftmatratzen

Die Idee: Die Luftmatratzen werden unterschiedlich aufgepumpt: Je praller sie mit Luft gefüllt sind, umso schwieriger ist es, sich aufrecht auf ihnen zu bewegen. Zunächst ist erst einmal Krabbeln und Kriechen auf allen vieren auf dem labilen Untergrund angesagt.

Spielimpuls:

- Was könnte das wohl sein? Sind das steile Hügel oder Berge? Oder auch ein Sumpf, über den man ans andere Ufer gelangt? Überlegen Sie gemeinsam mit den Kindern, was die Luftmatratzen darstellen könnten.

WISSEN KOMPAKT

Aufsichtspflicht

Gerade bei den offenen Bewegungsangeboten, in denen Kinder ja selbstständig aktiv sind, kommt häufig die Frage auf: Wann muss die pädagogische Fachkraft eingreifen, wie weit kann sie die Kinder lassen, wo wird es gefährlich, wo muss sie etwas verbieten? Wie viel Freiraum kann sie den Kindern zugestehen, ohne die Aufsichtspflicht zu verletzen? Der Umgang mit den Materialien birgt ja auch Risiken. Aufbauten sind nicht immer stabil, Brücken und Stege wackeln – darin liegt oft auch der besondere Reiz.
Erste Regel der Aufsichtspflicht ist: Kinder müssen vor Gefahren, die sie nicht erkennen und einschätzen können, geschützt werden. Sie sollten aber auch die Chance haben, Gefahrenmomente selbst zu erkennen, Risiken abzuwägen, die eigenen Kräfte richtig einzuordnen, zunehmend Bewegungssicherheit zu erlangen und sich selbst nicht zu überfordern.

Baustelle

Material: Schaumstoffteile, Holzklötze, große und kleine Holzbausteine, Pappröhren, Bretter

Die Idee: Die Kinder bauen aus den Materialien Türme, Mauern und Häuser.

Karton-Stadt

Material: viele große und kleine Pappkartons

Die Idee: Die Pappkartons werden im Raum auf dem Boden aufgestellt. Die Kinder bauen eine Stadt aus Kartons. Es entstehen große und kleine Häuser.

Spielimpulse:

- Die Kinder legen Kissen in die Häuser und Seile zwischen den Häusern, um sie wie eine Straße miteinander zu verbinden.
- Die Kinder setzen sich in die Kartons, kriechen in sie hinein oder schieben sie durch den Raum.

Kriechtunnel

Material: viele große und kleine Pappkartons

Die Idee: Von den großen Kartons werden die Deckel und der Boden entfernt. So ist jeder Karton ein kurzer Tunnel, durch den man hindurchkriechen kann.

Spielimpuls:

- Werden mehrere Kartons mit den Öffnungen aneinander in eine Reihe gelegt, entsteht ein langer Kriechtunnel, in dem es in der Mitte ziemlich dunkel sein kann!

Turmbau

Material: viele Schaumstoffelemente in unterschiedlichen Größen und Farben

Die Idee: Die Kinder bauen mit den Schaumstoffteilen. Sie türmen die Elemente aufeinander und werfen sie wieder um.

Spielimpulse:

- Eine Mauer errichten, ein Tor oder eine Brücke bauen, unter der man hindurchkriechen kann.
- Verschieden hohe Türme werden gebaut. Überlegen Sie mit den Kindern: Welches ist der höchste, welches ist der niedrigste?

WISSEN KOMPAKT

Selbstvertrauen stärken

Schaffe ich es, auf den „Berg" zu klettern? Traue ich mich, allein wieder herunterzurutschen? In den ersten Lebensjahren entwickeln Kinder Vorstellungen von den eigenen Fähigkeiten und der eigenen Person. Beim Klettern, Erklimmen und Rutschen kann der eigene Körper erlebt und so auch das Vertrauen in die eigenen Kräfte gewonnen werden. Im Hoch und Runter wird der Körperschwerpunkt immer wieder verlagert und das Gleichgewicht muss neu ausbalanciert werden. Wichtig ist hierbei, dass die Kinder versuchen dürfen, allein den „Berg" zu erklimmen. Vorschnelle Hilfe, ein Hinaufheben auf den Berg verhindert, dass die Kinder lernen, ihre eigenen Grenzen, ihr Können oder aber „Noch-Nicht-Können", ihre eigenen körperlichen Fähigkeiten einzuschätzen. Das Gefühl, nach erfolgreichem Erklimmen des Berges („Ich habe das ganz allein geschafft") ist wichtig für ihr Selbstvertrauen und ihr Selbstwertgefühl. Bei Kindern mit sehr unterschiedlichen Voraussetzungen sollten verschieden hohe „Berge" aufgebaut werden, damit jedes Kind seinen individuellen Schwierigkeitsgrad auswählen kann.

Reifenstraßen

Material: mehrere Gymnastikreifen in verschiedenen Größen

Die Idee: Ein auf dem Boden liegender Reifen fordert die Kinder zum Hineinspringen, vielleicht sogar zum Überspringen heraus. Sind die Reifen verschieden groß, können sich die Kinder den Schwierigkeitsgrad selbst aussuchen. Auch die Art der Bewegung – springen, laufen, vorsichtig gehen oder balancieren (auf dem Reifenrand) – können sie selbst wählen.

Spielimpuls:

- Die Reifen liegen in einer Reihe hintereinander, dabei gibt es auch „Abbiegungen“, damit sich jedes Kind seinen Weg selbst suchen kann. Sie laufen, hüpfen, springen durch die Reifen.

Mobile Treppen

Material: Getränkekisten aus Kunststoff (vor allem für draußen geeignet)

Die Idee: Getränkekisten in unterschiedlichen Höhen aufstellen, die Kinder steigen hoch und springen herunter, sie suchen sich die Höhe aus, am besten draußen auf dem Rasen, hier ist das Abspringen gefahrloser.

Spielimpuls:

- Bauen Sie mit den Kindern mit Hilfe von drei Kisten eine Treppe, über die man hochsteigen und von der obersten Kiste herunterspringen kann (auf den Rasen oder auf eine Matte).

Kapitel 6

Draußen spielen – Freies Spielen im Freien

Kinder zieht es regelrecht nach draußen – und das zu jeder Jahreszeit. Hier ist das Ausleben ihrer Bewegungsbedürfnisse viel weniger eingeengt als drinnen.

Draußen spielen ist bei jedem Wetter möglich und wichtig. Voraussetzung ist die richtige Kleidung: Gummistiefel, Matschhosen und Regenjacken; sie sollen vor Kälte und Nässe schützen, aber die Bewegungsfreiheit nicht zu stark einschränken. Warm wird es von ganz alleine, wenn man rennt, klettert und spielt.

Draußenspielen ist meist mit Tätigkeiten höchster Intensität und Konzentration verbunden – und trotzdem weitgehend selbstbestimmt. Die Kinder setzen sich selbst Ziele, bestimmen über ihre Spielmaterialien und deuten Spielsituationen nach ihrer eigenen Fantasie. Im Vordergrund steht die körperliche Bewegung: Die Kinder spielen Suchen und Verstecken, fahren mit Roller und Laufrad, spielen mit Bällen, klettern – und dies alles ermöglicht vielfältige motorische Herausforderungen.

Draußenspielen ist in der Regel sehr sinnenreich und intensiviert die Wahrnehmung. Hören und Sehen werden draußen ganz anders gefordert als in Innenräumen, der Geräuschpegel ist weniger groß – auch wenn die Kinder lärmen, lachen und toben. Wind und Regen werden auf der Haut gespürt, die Temperatur intensiv wahrgenommen, das Graben in der Erde erfordert die ganze Körperkraft.

Auch wenn das Draußenspielen weitgehend selbstbestimmt ist, sollten Sie die Chance nutzen, die Aktivitäten der Kinder zu begleiten, ihnen Anregungen geben, auch mal einen Spielimpuls setzen (z. B. beim Aufmalen von Hüpfkästchen und dem anschließenden Spiel) oder mit den Kindern eine Schatzsuche im Sand veranstalten.

Bauen

Im Freien kann das Bauen mit verschiedenen Materialien viel großräumiger erfolgen als in den Innenräumen. Die Wiese, der Sandkasten bieten einen stabilen Untergrund, der auch bei kleinen Stürzen vor Gefahren schützt. Zum Bauen eignen sich verschiedene Materialien.

Kistenparcours

Material: stabile Getränkekisten aus Plastik in verschiedenen Höhen, breite Bretter in unterschiedlichen Längen

Die Idee: Die Kisten werden auf der Wiese verteilt aufgestellt, die Kinder steigen und klettern über die Kisten. An einigen Stellen werden zwei Bretter so an eine Kiste angelegt, dass sich beidseitig schräge Rampen ergeben, über die die Kinder auf die Kiste gehen und auf der anderen Seite wieder heruntergelangen.

Brücken bauen

Material: stabile, stapelbare Getränkekisten, Bretter

Die Idee: Einzelne Kisten werden mit Brettern miteinander verbunden.

Tipp:

Sie sollten mit den Kindern ausprobieren, wie hoch die Brücken sein dürfen, um ohne Gefahr darüberzugehen.

Wassertransport

Material:
viele Schwämme, Eimer, Schüsseln, Gießkannen

Die Idee: Ein Eimer wird mit Wasser gefüllt, weitere Eimer stehen bereit. Die Kinder tauchen die Schwämme in das Wasser und beobachten, wie sie sich vollsaugen. Sie bringen die Schwämme zu einem leeren Eimer und drücken sie hier wieder aus.

Spielimpuls:

- Bei warmem Wetter haben die Kinder auch viel Spaß am Schwammwerfen: Sie werfen die nassen Schwämme hoch, weit, in einen Eimer oder sogar auf andere Kinder (wenn diese das mögen).

Tipp:

Mit Gießkannen, Pflanzen- oder Wäschesprühern und Wasserpistolen werden Duschen hergestellt. Natürlich kann man sich auch gegenseitig damit anspritzen.

Fahren und Rollen

Material:
Rutschautos, Laufräder, Dreiräder, Roller, Rollbretter

Die Idee: Eine befestigte Fläche auf dem Außengelände eignet sich vor allem für die Nutzung von Fahrzeugen: Mit Rutschautos, Laufrädern etc. können die Kinder selber fahren, auf einem Rollbrett oder in einem Rollwagen können sie sich ziehen oder schieben lassen.

Hinweis: Um die Gefahr von Zusammenstößen zu vermeiden, sollte die Anzahl der Fahrzeuge begrenzt werden.

Spielimpuls:

- Die Fläche kann durch Hindernisse (Autoreifen, Pylone, umgestülpte Plastikeimer) strukturiert werden, sodass die Kinder lernen, ihre Fahrzeuge zu steuern, zu lenken und vor Hindernissen frühzeitig abzubremsen.

Straßenmaler

Material:
Straßenmalkreide

Die Idee: Befestigte Spielflächen können auch für Malereien genutzt werden: Für jedes Kind steht Straßenmalkreide zur Verfügung, damit können die Flächen großräumig bemalt werden. Die Kinder können Linien ziehen oder Kästchen aufmalen, die anschließend zum Springen und Hüpfen genutzt werden.

WISSEN KOMPAKT

Sinnliche Wahrnehmung

Alles Lernen beginnt mit der sinnlichen Wahrnehmung: Betasten und Berühren, Beobachten und Entdecken, Finden und Bestaunen – damit diese Prozesse entstehen, bedarf es Situationen und Anlässe, die das Interesse des Kindes wecken und es neugierig machen, in denen es selber tätig werden kann, in denen es seinen Körper und alle Sinne einsetzen kann

Für Kinder stellt die sinnliche Wahrnehmung den Zugang zur Welt dar. Sie ist die Wurzel jeder Erfahrung, durch die sie die Welt um sich herum jeweils für sich wieder neu aufbauen und verstehen können. Durch die Sinne begegnet es den Lebewesen und Dingen, es kann sie sehen, hören, befühlen und anfassen, kann sie schmecken und riechen, sich mit ihnen bewegen. Die Sinne liefern dem Kind viele Eindrücke über seine Umwelt und über sich selbst in Zusammenhang mit ihr (Zimmer 2019c).

Die sinnliche Wahrnehmung ist die Grundlage aller Erkenntnis: Mit den Sinnen Erfahrenes führt zu neuen Fragen und zum Weiterforschen. Gleichzeitig wird die Wahrnehmungsfähigkeit weiter ausdifferenziert, die Selbsttätigkeit des Kindes wird angeregt, die Beobachtungsfähigkeit geübt:

Warum ist nasse Erde schwerer als trockener Sand?

Warum hinterlässt das Gehen im Kies keine Spuren?

Wo kommt man an, wenn man ein Loch in den Boden gräbt und immer tiefer und tiefer gerät?

Im Spiel mit den Elementen der Natur gewinnen die Kinder Erfahrungen aus erster Hand, sie entstehen im eigenen Tun. Diese Erfahrungen hinterlassen tiefe Spuren im Gehirn.

Taststraße für die Füße

Material:
Laub, Torf, Kies, Sand, Zweige, Gras, Heu, Stroh, Moos, grobe und feine Erde

Die Idee: Nicht nur Hände und Finger lieben Erde und Matsch, auch die Füße sind vorzügliche Tastorgane. Auf einer Taststraße erleben die Kinder ihre Füße als besonders empfindsam: Es kitzelt und pikst, wenn sie barfuß über die Erde, Steine, Zweige laufen.

Tipp:

Bei der der Anlage eines solchen Sinnenweges können sich die Kinder beteiligen. Sie sammeln Material: Laub, Torf, Kies, Sand, Zweige, Gras, Heu, Stroh, Moos, grobe und feine Erde.

So geht's:

- Auf einer geeigneten Fläche werden 50 bis 60 cm^2 große Felder aus dem Boden ausgestochen und mit dem Material gefüllt.

Spielimpulse:

- Zunächst gehen die Kinder mit offenen Augen über den Fühlweg, dann auch mit geschlossenen Augen – von einem „sehenden" Mitspieler oder von Ihnen begleitet.
- Schließlich kann der Fußpfad auch mit den Händen ertastet werden.
- Die Fühlstraße darf auch mit Wasser begossen werden – wie verändern sich dann die Materialien?

Die Sand-Schatzsucher

Material:
Schüssel, Wäschewanne/Karton, Sand, kleine Gegenstände

Die Idee: Eine große Schüssel (oder eine Wäschewanne/Karton) mit Sand füllen. In dem Sand werden mehrere kleinere Gegenstände (Bausteine, ein kleiner Ball, ein Stein, eine Spielfigur u. Ä.) versteckt.

Spielimpulse:

- Die Kinder dürfen im Sand wühlen und mit den Händen nach dem Schatz graben.
- Wenn alle Schätze gefunden sind, dürfen einige Kinder die „Verstecker" spielen. Sie graben die Spielsachen tief in den Sand – und schauen dann zu, wenn die anderen wieder Schatzsucher spielen.

KURZ & KNAPP

DRAUSSEN SPIELEN HÄLT GESUND

Draußen spielen ist für die Gesundheit unersetzlich: Viren verbreiten sich weniger als in Innenräumen, der Aufenthalt in der frischen Luft stärkt das Immunsystem, die UV-Strahlung der Sonne regt die körpereigene Bildung von Vitamin D an, dies stärkt das Knochenwachstum. Kinder, die viel draußen sind, haben weniger Atemwegsinfektionen und Allergien. Sie sind auch motorisch geschickter, da sich im Freien mehr Gelegenheiten für großmotorische Spiele ergeben.

Kapitel 7

Abenteuer Natur

Kinder lieben Brachflächen, Wiesen mit Maulwurfshügeln und Abhängen, den Wald mit Bäumen, Reisig, Stöcken und Laub, Wege mit Steinen und Pfützen. Auch auf dem Außengelände der Kita sollte es Gelegenheiten zum Graben, Wühlen und Entdecken geben, zum Beobachten von Kleinlebewesen, zum Pflanzen und Ernten.

Die Natur verändert sich ständig - mit den Tages- und Jahreszeiten, mit dem Wetter. Sie ist unvorhersehbar, nicht berechenbar und bietet oft von einer Stunde zur anderen andere Bedingungen. Das eröffnet Kindern die Chance, ihre Sinne auf vielfältige Weise zu erfahren: sich vom Wind antreiben lassen, die Regentropfen auf der Haut spüren, eine Blume riechen, frische Beeren schmecken, das Zwitschern eines Vogels hören, den nassen Sand kneten und formen ...

Die Natur bietet Freiheit - nirgendwo sonst kann man sich so wild austoben -, gleichzeitig setzt sie jedoch auch Grenzen. Man muss sich ihr anpassen, sich auf sie einstellen, auf Wettereinflüsse, wechselnde Temperaturen, Sonne, Wind. Den Regen kann man beispielsweise nicht aufhalten, weil es einem gerade nicht passt, aber man kann sich auf ihn einlassen und die Spuren, die er hinterlässt, zum Spiel nutzen. Pfützen bilden sich auf dem Weg und fordern zum Entdecken auf, der nasse Sand ist in seiner Formbarkeit ein anderer als trockener Sand.

Spielen in der Natur setzt kreative Kräfte frei und weckt die Fantasie. Materialien und Dinge, die die Kinder in Natur finden, werden zu Spielmaterialien: Stöcke, Steine und Blätter werden zum Bauen, Gestalten und in Rollenspielen eingesetzt.

Regenspiele

Für das Spielen im Regen benötigen die Kinder Regenkleidung, Matschhose und Stiefel, dann eröffnen sich die schönsten Spielmöglichkeiten:

- **Regennasser Sand:** Der Regen hat den Sand im Sandkasten verwandelt. Der Sand rieselt nicht mehr zwischen den Fingern oder durch das Sieb, er „klebt“ und ist jetzt formbar. Man kann Kugeln formen und Sandhügel bauen, die nicht mehr so schnell zusammenfallen.
- **Regendusche:** Ein Regenschauer kann ein großes Erlebnis sein: Regen Sie die Kinder an, bei warmem Wetter leicht bekleidet den Regen zu genießen. Die Regentropfen prasseln auf die Haut, man kann sie mit den Händen aufzufangen versuchen oder sie sogar im geöffneten Mund spüren.
- **Den Regen auffangen:** Wie viel Regen fällt an einem Tag? Regen Sie die Kinder dazu an, einen Eimer im Freien aufzustellen und am nächsten Tag nachzuschauen, wie viel Wasser sich über Nacht in ihm gesammelt hat.
- **Regenpfützen:** Das Schönste am Regen sind die Pfützen, die sich auf der Erde bilden. Die Kinder treten vorsichtig an sie heran, probieren aus, wie tief die Pfütze ist. Sie trauen sich mit ihren Stiefeln hinein und schauen, wann die Stiefel zum Teil in der Pfütze verschwunden sind. Sie laufen von Pfütze zu Pfütze und springen über sie hinweg.

- **Was schwimmt und was sinkt?** Ist die Pfütze tief genug, kann sie auch für Experimente genutzt werden. Ein Blatt wird auf das Wasser gelegt. Die Kinder beobachten, ob es schwimmt oder ob es untergeht? Ein Holzstück folgt, dann ein Stein, ein Stein auf dem Blatt ... immer bleibt es spannend, ob die Materialien oben bleiben oder ob sie sinken.
- **Die Pfütze trocken legen:** Die Kinder lassen Sand und Kieselsteine in die Pfütze rieseln und beobachten, wie das Wasser plötzlich „verschwindet".

Die Wiese entdecken

Auf einer Wiese kann man so richtig rennen. Selbst wenn man einmal hinfällt, tut das auf dem weichen Gras nicht weh. Was gibt es auf der Wiese zu entdecken?

- **Maulwurfshügel suchen:** Gibt es auf der Wiese Maulwurfshügel? Haben die Kinder die Erdhaufen gefunden, gehen sie vorsichtig auf die Suche nach dem Maulwurf. Sie graben mit einer Schaufel oder mit den Händen in die Erde und finden vielleicht sogar das Loch, durch das der Maulwurf die Erde hochgebuddelt hat. Über die Maulwurfshügel kann man auch springen oder um sie herumlaufen.

Tipp:

Der Maulwurf wohnt unter der Wiese – man erkennt seine Wohnung an den vielen Erdhügeln, die er nach oben schiebt. Unter der Erde hat er ein großes Labyrinth mit vielen Tunnels gegraben, so kann er schnell durch seine Gänge rennen. Er ist immer bei der Arbeit, gräbt mit seinen Schaufelpfoten neue Gänge und legt dabei Vorratskammern an, auch ein weiches Nest aus Gräsern und Heu für die Maulwurfbabys.

- **Ballspiele:** Jedes Kind hat einen Ball und kann ausprobieren, was es auf der großen Fläche mit dem Ball machen kann: Ihn mit den Füßen kicken, hinterherlaufen, den Ball wieder einzuholen versuchen, auf ein Tor schießen, den Ball in einen auf der Wiese stehenden Korb werfen.

- **Entdeckungen mit der Lupe:** Auf der Wiese leben viele Kleintiere, die mit dem bloßen Auge kaum zu erkennen sind. Manchmal verbergen sich diese auch unter einem Stein, einer Bodenplatte. Die Bodentierchen sind oft so winzig klein, dass sie nur mit einer Lupe betrachtet werden können.
  Mit einer Lupe gehen die Kinder auf Entdeckungsjagd. Die Tiere sollten betrachtet, aber nicht berührt werden, um sie nicht zu verletzen. Die Bodentierchen machen die Erde fruchtbar, sie fressen die herabgefallenen Blätter, verdorrtes Gras und hinterlassen dabei Nährstoffe, die die Pflanzen zum Leben brauchen.

Stein-Schatzsuche

Für die Kinder sind Steine Schätze: Manchmal finden sie auf dem Weg einen Stein, heben ihn auf und stecken ihn in die Hosentasche. Es ist ihr „Schatz“, den sie nicht wieder hergeben wollen. Es gibt nicht nur große und kleine, auch „weiche“ und harte, runde und kantige, schwere und leichte, glatte und raue. Kein Stein gleicht dem anderen. Es lohnt sich, gemeinsam mit den Kindern auf Stein-Schatzsuche zu gehen und auf ihre Ideen zum Sammeln, Bauen, Aneinanderreihen, Sortieren einzugehen.

- **Steine sammeln und sortieren:** Suchen Sie mit den Kindern einen Ort auf, an dem viele Steine zu finden sind: unbefestigte Wege, einen Bachlauf – oder bitten Sie die Eltern, bei einem Ausflug mit den Kindern Steine zu sammeln und sie in die Krippe mitzubringen.
  Die Kinder sammeln die Steine in einem kleinen Eimer und leeren diesen auf einer Decke aus. Jeder Stein sieht anders aus. Wie kann man die Steine sortieren? Große und kleine Steine, raue und weiche Steine, leichte und schwere Steine, eckige und runde, graue und farbige Steine ...
  Welche Steine passen zusammen? Welche sind ganz verschieden?

- **Mit Steinen bauen:** Wenn man viele Steine hintereinanderlegt, entsteht eine Straße. Mit welchen Steinen kann man einen Turm bauen? Manche sind zu rund, sie bleiben nicht aufeinander liegen. Wie viele Steine können gestapelt werden?
  Auch Mauern kann man mit Steinen bauen. Wird zwischen die Steine feuchte Erde „geklebt“, fallen die Mauern nicht mehr zusammen.

- **Mein Stein:** Nach einem Ausflug werden die Steine natürlich mitgenommen in die Krippe. Jedes Kind darf sich einen eigenen Stein aussuchen, den es an einem persönlichen Platz aufbewahren oder mit nach Hause nehmen kann.
  Manche stecken sie in die Jacken- und Hosentaschen, um sie nur ja nicht zu verlieren.
- **Steine bemalen:** Besonders schöne, glatte Steine können auch mit Farbe bemalt werden. So kann jedes Kind „seinem Stein“ ein besonderes Äußeres geben.

KURZ & KNAPP

ELEMENTARE TÄTIGKEITEN

Kinder befassen sich konzentriert mit elementaren Tätigkeiten wie sammeln, transportieren, schütten, graben, bauen und formen, ebenso üben sie beim Klettern, Springen, Balancieren und Hüpfen grundlegende motorische Kompetenzen wie die Koordinationsfähigkeit und die Gleichgewichtsfähigkeit.

Waldspaziergang

Ein Höhepunkt für die Kinder ist ein Gang in den Wald. Wenn möglich (sofern er nicht zu weit entfernt von der Krippe ist) sollte er regelmäßig aufgesucht werden.

- **Auf dem Weg in den Wald:** Die älteren Krippenkinder können sich vielleicht schon den Weg zum Wald merken: Wo war der Eingang, der erste Baum? Begegnen die Kinder auf dem Weg in den Wald Mauern, Baumstämmen, dicken Ästen, werden sie diese schon als Bewegungsgelegenheiten nutzen, denn der Weg ist das Ziel.
- **Stöcke, Zweige, Äste, Reisig:** Im Wald gehen die Kinder auf Schatzsuche: Unter den Büschen und Bäumen finden sie Stöcke, Zweige und Äste. Man kann sie sammeln und aufschichten, damit Wege auf dem Boden legen. Mit mehreren Stöcken und Zweigen kann man eine Bude bauen.

PRAXISTIPP

HILFREICHE MATERIALIEN ZUR BEGEGNUNG MIT DER NATUR AUSSERHALB DER KRIPPE

- Bollerwagen (für müde Kinder, aber auch zur Mitnahme von Materialien)
- Beutel, Tüten, Dosen – zum Sammeln von Naturmaterialien und zum Mitnehmen der Schätze zurück in die Krippe
- Plane oder Decke – für Pausen zum Hinsetzen
- Schaufeln, Eimer
- Eine Lupe zum Betrachten

Herbstvergnügen

Im Herbst verändert sich die Natur: Die Blätter an den Bäumen ändern ihre Farben, fallen von den Bäumen, auf der Erde bildet sich ein weicher Teppich aus Laub. Bunte, trockene, aber auch nasse Blätter regen an zu vielen Spielideen.

- **Laubregen:** Die trockenen Blätter sammeln die Kinder auf und werfen sie in die Luft, sie wirbeln das Laub auf, lassen die Blätter „regnen“.
- **Blätterbett:** Das Laub wird mit einem Besen zu einem Hügel zusammengefegt – man kann sich in ihn hineinfallen lassen fast wie in ein großes, weiches Bett.
- **Blätterpaare finden:** Alle Blätter sehen verschieden aus, man kann aber auch Blätter suchen, die die gleiche Farbe, die gleiche Form haben.
- **Laubspieße:** Laubblätter können mit einem Stock aufgespießt werden.

WISSEN KOMPAKT

Kreativität anregen

Die Dinge, mit denen die Kinder draußen spielen, sind meist „unfertig“, ihre Bedeutung kann je nach Spielsituation wechseln. Das Laub wird zum Mittagessen serviert, auf einem Holzbrett, zum Nachtisch gibt es eine Portion Sandpudding oder ein Eis in Form eines Tannenzapfens.
Kreatives und fantasievolles Spielen wird angeregt, wenn der Spielraum nach draußen verlagert wird und sich damit ein ganz neuer Blick auf die Dinge erschließt. Draußen werden Schätze entdeckt, Dinge erforscht, die es drinnen in dieser Form nicht gibt.

Garten – pflanzen

Legen Sie mit den Kindern ein Beet an: Auf einer abgegrenzten Fläche wird das Pflanzbeet hergerichtet. Schon beim Graben können die Kinder helfen

- **Pflanzen:** Im Frühjahr in kleinen Töpfen eingelegte Samen (z.B. Sonnenblumensamen) werden eingepflanzt, es können aber auch vorgezogene Pflanzen verwendet werden, damit der Erfolg schneller sichtbar wird. Den meisten Spaß macht den Kindern das Wühlen in der Erde, das Schaufeln und Graben.

WISSEN KOMPAKT

Fragen ernst nehmen

Die Fragen der Kinder sollten immer ernst genommen werden, ebenso ihre Aktivitäten – selbst wenn sie nicht den ursprünglichen Planungen der Erwachsenen entsprechen. Kinder beschäftigen sich oft intensiv mit Dingen, die „am Wege" liegen, sie entdecken Dinge, die der Aufmerksamkeit des Erwachsenen entgehen würden. Ihre Wahrnehmung der Welt ist eine andere als die der Erwachsenen. Deswegen ist es wichtig, dass sich Erwachsene auch auf die Wahrnehmung der Welt durch die Kinder einlassen.

Die pädagogische Fachkraft hat hier eine begleitende Funktion. Sie befindet sich aber gleichzeitig immer in einem lebendigen Dialog mit den Kindern, erkennt ihre Interessen, unterstützt sie mit eigenen Impulsen und regt sie an, nimmt aber immer auch die Handlungen der Kinder ernst.

Bodenschätze

Die Erde, von den Erwachsenen oft als „Dreck“ abgewertet, ist aus der Perspektive der Kinder ein Ort voller Schätze, voller „Bodenschätze“, mit Steinchen, Wurzeln, Blättern, Käfern, Würmern oder Ameisen, die die Kinder zur Beobachtung herausfordern und ihre ganze Aufmerksamkeit fordern (und auch Fragen bei den Kindern entstehen lassen).

Die Idee: Es können verschiedene Erdsorten zusammengetragen werden: Vom Feld, aus dem Wald, der Wiese, dem Garten, dem Bach. In Eimern können sie von den Kindern gesammelt werden – sodass man in ihnen wühlen, mit den Händen oder mit Schaufeln graben – sie erforschen kann. Welche Erdsorten gibt es?

- **Sandige Erde** – sie rieselt zwischen den Fingern hindurch
- **Lehmhaltige Erde** – sie lässt sich, wenn sie feucht (nass) ist, zu einer Kugel (einem Klumpen) formen, trocken ist sie fest und hart.
- **Humushaltige Erde** (aus dem Garten oder dem Handel) – lässt sich zwar formen, sie krümelt dann aber schnell wieder auseinander.

Tipp:

Die Kinder finden heraus: Erde kann trocken und sandig sein; je mehr Lehm enthalten ist, umso besser „klebt“ sie, sie lässt sich formen und gestalten. Mit Wasser vermengt, ändert sich die Konsistenz: Aus der sandigen Erde wird eine klebrige Masse, ein Klumpen, der sich gut formen lässt.

Erdkiste

Material:
Maurerkübel, Erde

Die Idee: Anstelle der Sandkiste kann es auch eine Erdkiste in der Krippe geben, ein Maurerkübel, der mit Erde gefüllt wird. Hier können die Kinder wühlen und graben, mit Wasser macht das besonderen Spaß (die Erde mit Gießkannen begießen). So kann ein Erdkuchen gebacken werden.

Spielimpulse:

- **Matschklöße backen:** Die Erde wird mit Wasser vermischt, jetzt lässt sie sich besonders gut formen. Die Kinder stellen Matschklöße her, formen sie mit den Händen, legen sie auf ein Tablett und lassen sie in der Sonne trocknen.
- **Rollenspiel:** Regen Sie die Kinder „zum Verkaufen" an, fragen sie die Kinder: Hast du einen dicken Kloß oder einen ganz kleinen, einen runden, einen großen Kloß?

Tipp:

Beim Rollenspiel „Klöße verkaufen" üben die Kinder auch ihre sprachlichen Kompetenzen, sie erweitern ihren Wortschatz und lernen die Wortbedeutung, sie üben sich in der Kommunikation (Fragen – Antworten).

Kapitel 8

Alles, was rollt – Ballspielideen

Alles, was rollt, hat für Kinder eine große Anziehungskraft. Der Ball ist rund und damit in seiner Eigenbewegung faszinierend: Sie können ihn anstoßen, mit den Augen verfolgen, in der Bewegungsrichtung und dem Tempo durch das eigene Tun beeinflussen.

Auch für jüngere Kinder beinhalten Bälle ein unerschöpfliches Repertoire an Bewegungsmöglichkeiten, indem sie den Ball rollen, kicken, werfen, prellen. Dabei stehen das Spielen, Entdecken, Erproben im Vordergrund. Die Eigenschaften des Balls können in Bewegung herausgefunden werden: Wie fühlt sich der Ball an? Weich oder hart, kalt oder warm, leicht oder schwer? Wie rollen die Bälle über glattem Boden oder über eine Wiese? Wann hört der Ball auf zu rollen? Wie kann ich den rollenden Ball stoppen? Wie bringe ich den Ball mit der Hand oder mit dem Fuß ins Rollen? Wie viel Kraft muss ich aufwenden, damit der Ball ins Ziel rollt oder bei meinem Gegenüber ankommt? Wie kann ich den Ball werfen und wie kann ich ihn auffangen? All diese Fragen sind verbunden mit intensiven Sinneserlebnissen. Das Ausprobieren und Experimentieren mit den Objekten führt bei Kindern auch dazu, dass sie durch das eigene Handeln Zusammenhänge erkennen und erste grundlegende physikalische Gesetzmäßigkeiten erfahren.

Vor allem bietet der Ball einen guten Zugang zum Kind. Es lässt sich auf gemeinsames Spielen ein: Wird ihm der Ball zugerollt, entstehen Interaktionen. Die Beziehungsaufnahme fällt leichter in gemeinsamen Spielsituationen. Auch die pädagogischen Fachkräfte haben Spaß am Spiel mit dem Ball und können sich aktiv einbringen.

Kennenlernspiel

Material:
ein mittelgroßer weicher Ball

Die Idee: Die Kinder sitzen im Kreis auf dem Boden. Ein bunter Ball wird zwischen ihnen hin und her gerollt.

Spielimpuls:

- Zum Rollen des Balls sprechen sie einen Reim:

Dieser Ball ist rund
und dazu ganz bunt.
Rollt in unserem Kreis,
sag mir wie du heißt!

Das Kind, das den Ball aufgefangen hat, nennt seinen Namen. Es darf den Ball einem anderen Kind zurollen.

Wiederholen Sie den Vers mehrfach, bis alle Kinder an der Reihe waren und ihren Namen genannt haben.

Klingelball

Material: Stoffbälle, in die ein Glöckchen gesteckt wird

Die Idee: Die Kinder haben Stoffbälle, in denen ein Klingelglöckchen steckt (oder einen Luftballon, in den vor dem Aufblasen eine kleine Glocke gesteckt wurde). Sie rollen die Bälle über den Boden, orientieren sich vor allem an ihrem Geräusch.

Spielimpulse:

- Fordern Sie die Kinder auf, den Ball auch einmal mit geschlossenen Augen zu verfolgen.
- Eine kleine Gruppe setzt sich in einen Kreis. Ein Ball wird im Kreis gerollt. Wer den Ball auffängt, ruft „Angekommen“ und rollt den Ball jemand anderem zu.

Hindernisparcours

Material:
Bälle in unterschiedlichen Größen, Hocker, Tisch, Stühle

Die Idee: Bauen Sie mit den Kindern im Gruppenraum Hindernisse und Stationen für einen Ballparcours auf. Jedes Kind sucht sich seinen Weg mit dem Ball selbst aus.

- Einen Tunnel aus Stühlen, unter denen der Ball hindurchgerollt werden kann;
- um die Tischbeine herum kann der Ball im Slalom rollen;
- er kann über die Tischplatte oder über eine Bank rollen.
- Die Kinder können den Ball auch über einen Hocker springen lassen, indem sie ihn fest aufprellen.

PRAXISTIPP

HANDLUNGSBEGLEITENDES SPRECHEN

Das Spiel mit dem Ball kann ganz bewusst sprachlich begleitet werden: Wenn der Ball *durch* den Tunnel, *um den Tisch herum, über* die Bank rollt erweitern die Kinder ihren Wortschatz, sie erfahren die Wortbedeutung und prägen sich Satzmuster ein (vgl. Zimmer 2021b).

WISSEN KOMPAKT

„Sprache baut auf dem Handeln auf"

Sprache baut auf dem Handeln auf: Zuerst kommt das körperlich-sinnliche Erkunden einer Sache, dann erst erfolgt die sprachliche Begleitung. Das Kind spielt zum Beispiel mit einem Ball, lässt ihn auf den Boden prellen. „Ball springt", sagt es – aber nicht bevor, sondern nachdem es sich mit ihm beschäftigt hat. Im Tun, im handelnden Umgang mit Gegenständen und Objekten entdeckt es die Sprache als nützliches Medium, als Werkzeug des Handelns. Erst im Laufe der Zeit werden Handlungen verinnerlicht, das Kind kann die Handlung reflektieren. Sprache ermöglicht dann eine gedankliche Vorwegnahme („Ich will Ball spielen") oder rückblickende Reflexion des Tuns („Ich habe das Tor getroffen") und damit eine Distanz zur aktuellen Situation.

Das Kind gewinnt, bevor es sich sprachlich mitteilen kann, bereits ein Wissen über die Beschaffenheit von Gegenständen oder die Funktion von Objekten. Dass ein Ball rund ist, auf dem Boden rollt oder hochspringt, wenn man ihn fallen lässt – dieses Wissen hat es aufgrund seiner Erfahrungen, durch Wahrnehmung und Bewegung, in denen sich die Zusammenhänge erschließen. So werden durch das Handeln gewonnene Erfahrungen in Verbindung mit der Sprache zu Begriffen (Zimmer 2019a, 14 f.).

adidas
sportline

Kullerbahnen

Material:
Drainagerohre (Reststücke), kleine Bälle (Tischtennisbälle, Tennisbälle, Schaumstoffbälle), Holzkugeln

Die Idee: Die Drainagerohre werden auf dem Boden so ausgelegt, dass ein Ende auf einem Hocker o. Ä. aufliegt und sie so etwas Gefälle haben.

Spielimpulse:

- Die Kinder legen die Bälle und Holzkugeln in das obere Ende und beobachten, wie sie am Ende des Rohrs herausrollen.
- Sie probieren aus, welche Bälle Geräusche beim Rollen machen (Holzkugeln) und welche ganz lautlos rollen (kleine Schaumstoffbälle).

Schlangenballons

Material:
Luftballon, Seile

Die Idee: Knoten Sie an die aufgeblasenen Ballons Seile. Jedes Kind kann eigene Kunststücke mit seinem Schlangenballon erfinden.

Spielimpulse:

- Die Kinder probieren aus, wie man die Ballons an den Seilen durch den Raum bewegen kann. Sie ziehen die Ballons hinter sich her oder sie schlängeln die Seile über den Boden, dabei springt der Ballon auf und ab.

Zielwerfen mit Bällen

Material: mehrere Softbälle, Schaumstoffbälle; Körbe, Kartons, Eimer oder umgedrehte Kästen als Ziele

Die Idee: Die Eimer, Körbe und Kästen werden im Raum verteilt aufgestellt. An einer Wand wird ein Reifen befestigt.

Spielimpuls:

- In einem großen Karton befinden sich viele Wurfbälle, die die Kinder auf den Reifen oder in die Körbe werfen können.

Tipp:

Die Bälle sollten weich sein, da es nicht verhindert werden kann, dass auch einmal ein Kind von einem Ball getroffen wird.

Bällebad

Material: viele Bälle in unterschiedlichen Größen, eine Matte, Kästen oder Bänke

Die Idee: Eine Matte liegt auf dem Boden, darauf viele Bälle. An den Rändern der Matte werden Bänke oder Kästen aufgestellt, sodass die Bälle nicht wegrollen können.

Spielimpuls:

- Die Kinder krabbeln vorsichtig über die Bälle, legen sich mit dem Bauch oder dem Rücken auf die Bälle – wie in einem Bällebad.

Zeitungsbälle

Material:
viele Zeitungsblätter, ggf. Klebeband, evtl. Eimer, Schnur

Die Idee: Aus Zeitungspapier lassen sich Bälle herstellen, die für die Kinder leicht zu handhaben, gut zu werfen und angstfrei aufzufangen sind. Das Papier wird zusammengeknüllt, zu einem Ball geformt – und dann ggf. mit Klebeband befestigt.

Spielimpulse:

- Die Kinder werfen die Bälle hoch und versuchen, sie wieder aufzufangen.
- Sie werfen sie auf ein Ziel (z. B. in einen im Raum stehenden Eimer) oder über eine im Raum gespannte Schnur.
- **Schneeballschlacht:** Stellen Sie sich mitten in den Raum und regen Sie die Kinder an, Sie zu treffen. Dann können sich die Kinder auch untereinander mit den Bällen bewerfen. Sie sind so leicht, dass die Kinder es genießen, von den Bällen getroffen zu werden.

Verwendete Literatur und Tipps zum Weiterlesen

Bertels, S. (Hrsg.)(2007). *Die Mäuschen krabbeln, sie zippeln und zappeln.* Würzburg: Arena

Günther, S. (2013). *Spritzvergnügte Spielideen. Wasser mit allen Sinnen erleben.* Freiburg: Herder

Hebenstreit-Müller, Sabine (2020). *Kindliche Verhaltensmuster verstehen.* www.socialnet.de/lexikon/Schemata-Fruehpaedagogik

Jost, M. & Beins, H.J. (2015). *Bewegung und Spiel für die Kleinsten.* Dortmund: Borgmann

Suhr, A. (2012). *Kleine Knirpse – große Sprünge. Bewegungsspiele für Krippe, Kita und Kinderturnen.* München: Don Bosco

Willmes-Mielenhausen, B. (2018). *Das Krippenkindernaturspielcbuch.* Frci burg: Herder

Zimmer, R. (Hrsg.) (2011). *Psychomotorik für Kinder unter drei Jahren. Entwicklungsförderung durch Bewegung.* Freiburg: Herder

Zimmer, R. (2014). *Krippenkinder Bewegungslandschaften.* Freiburg: Herder

Zimmer, R. (2018). *Wilde Spiele zum Austoben. Durch Bewegung zur Ruhe kommen.* Freiburg: Herder.

Zimmer, R. (2019a). *Handbuch Sprache und Bewegung. Alltagsintegrierte Sprachbildung in der Kita.* Freiburg: Herder.

Zimmer, R. (2019b). *BaSiK – Begleitende alltagsintegrierte Sprachentwicklungsbeobachtung in Kindertageseinrichtungen.* Freiburg: Herder.

Zimmer, R. (2019c). *Handbuch Sinneswahrnehmung. Grundlagen einer ganzheitlichen Bildung und Erziehung.* Freiburg: Herder.

Zimmer, R. (2020). *Handbuch Bewegungserziehung. Grundlagen für Ausbildung und pädagogische Praxis.* Freiburg: Herder.

Zimmer, R. (2021a). *Bewegung erleben in der Kita.* Freiburg: Herder

Zimmer, R. (2021b). *Eine kleine Ballgrammatik. Spielerische Zugänge zur Sprache.* Freiburg: Herder

Zimmer, R. (2021c). MotorikPlus. *Beobachtung psychomotorischer Kompetenzen von Kindern im Alltag von Kindertageseinrichtungen.* Freiburg: Herder.